人が人を裁くということ

小坂井敏晶
Toshiaki Kozakai

Eurus
Notus
Zephyrus

岩波新書
1292

はじめに

一九九九年一二月、米国テキサス州で服役する死刑囚の一人が、向精神剤を大量に飲んで自殺を図り、担当部署は大変な騒ぎになった。受刑者の健康状態を医療チームが厳重に監視しながら病院まで飛行機で急行し、一命を取り留める。こうしていったん助けた、まさにその翌日、受刑者は処刑された(Lifton & Mitchell, 2002)。また一九九五年八月、オクラホマ州の受刑者は、死刑執行直前に薬を服用し自殺を試みたが、胃洗浄のおかげで意識を取り戻した。そして予定通りの時刻に執行された。二〇〇二年一一月に二度の心臓手術を受けた後、翌月に処刑されたイリノイ州の受刑者もいる。我々はなぜ、こんな手の込んだことをするのだろう。犯人の処罰を望む本当の理由は何なのか。

本書は、裁くという行為の意味を、その根本に戻って考えてゆく。刑事裁判の目的は何だろう。犯罪の真相を究明し、犯人を罰する。そして、同じ犯罪が再び起きないよう、防止措置を講ずるための糧とする。こう答えるだろうか。犯人を処罰して、被害者の無念を晴らすためだと言う人もいるだろう。

しかしこの考えは、犯人を確定できる、犯罪の理由が裁判で解明できるという前提に基づく。

本書は、この常識に疑問を投げかける。裁判と呼ばれる社会制度が担う本当の機能は何なのか。裁かれるのも人ならば、裁くのも人だ。この当たり前の事実をもっと見つめよう。神ならぬ人間が行う裁きとは何か。

被告人が真犯人であるかどうかは、ほとんどの場合、当人しか知らない。警察には彼らの犯行仮説があり、検察には検察の事実推定、被告人にはその言い分、弁護士には弁護士の主張、裁判官には裁判官の判断がある。それ以外にもマスコミの解説や世間の噂もある。これら多様な見解の中で、最も事実に近いと定義されるのが裁判の判決だ。事実そのものはどこにもない。判決が正しいかどうかを判断する手段は存在しない。裁判は、真理の発見を目的とする科学とは違う。とすれば、裁判は何のために行われるのか。

裁判員制度導入をめぐって、一般市民と職業裁判官のどちらが正確に判断できるかが議論されている。しかし実はこの問いに対する答えは存在しない。そもそも問いが的外れなのだ。正しい判断、合理的判断とは、何を意味するのか。新たな角度から問題提起し、判決の実相を明らかにしたい。

本書は三部からなる。第Ⅰ部「裁判員制度をめぐる誤解」では、日本の新制度をめぐる論議の落とし穴を指摘する。司法への市民参加が、日本では義務として認識され、欧米では逆に、国家権力から勝ち取った市民の権利として理解されている。素人の判断力を危ぶむ日本。しかし欧米では裁判官よりも市民の判断に重きをおく。それは何故か。民度の差とか、民主主義の伝統の違いだけでは説明できない、もっと深い理由がそこにある。

第Ⅱ部「秩序維持装置の解剖学」では、誤審の生じる仕組みを検討する。最近、冤罪事件が少なからず報道され、刑事訴訟法の欠陥、警察・検察の横暴や勇み足、裁判官の姿勢などが糾弾される。しかし、程度の差こそあれ、冤罪はどの国でも一定の頻度で起きている。法制度の不備や捜査官の不誠実よりも、もっと構造的な原因が潜んでいる。冤罪は、交通事故や癌の発生などと同様に、ある確率で必然的に生ずる出来事だ。被疑者の心理メカニズム、警察での取調べ実態、自白への誘導技術、目撃証言の曖昧さなどを検討し、誤判が生ずる構造を明らかにしよう。

真犯人を見つけられるのか。これが第Ⅰ部と第Ⅱ部で検討する課題だ。しかし、それだけでは犯罪や処罰の本当の意味は見えてこない。以上の材料を踏み台にして、第Ⅲ部「原罪としての裁き」では考察をより深め、犯罪の正体に迫る。

人間は自由な存在であり、自らの行為を主体的意志によって選び取る。だから、犯罪行為をなせば、その責任を負わねばならない。これが近代刑法の出発点だ。しかし大脳生理学や社会心理学の成果は、この大前提を直撃する。行為は自由意志によって引き起こされるのではない。意志が行為の原因をなすという因果論的枠組みでは、責任は定立できない。

では、犯罪の処罰はどのような論理に依拠するのか。犯罪とは何なのか。なぜ犯罪はなくならないのか。悪い結果は悪い原因によって生ずるという、この了解は正しいのか。これが第Ⅲ部の投げかける問いだ。裁判が機能する実像を分析し、人間という存在を見つめ直すための新たな光を投じたい。

裁判制度改善・冤罪防止・犯罪抑止といった実務的検討は本書の目的としない。我々は答えを性急に求めすぎると思う。まずは人間と社会のありのままの姿をもう一度見直そう。大切なのは答えよりも問いだ。思考が堂々巡りして閉塞状態に陥る時、たいてい問いの立て方がまちがっている。私がよく挙げる話がある。

ある夜、散歩していると、街灯の下で探し物をする人に出会う。鍵を落としたので、家に帰れず困っていると言う。一緒に探すが、落とし物は見つからない。そこで、この近くで落としたのは確かなのかと確認すると、落としたのは他の場所だが、暗くて何も見えない、だから街頭近くの明るいところで探しているのだ、と。

我々は探すべきところを探さずに、慣れた思考枠に囚われていないか。我々の敵は常識だ。常識の中でも倫理観は特にしぶとい。先入観を排して、裁判の本質について考えよう。

目　次

第II部　秩序維持装置の解剖学

第Ⅰ部　裁判員制度をめぐる誤解

二〇〇九年五月、裁判員制度が始まった。ヨーロッパの参審制と英米の陪審制のどちらとも異なる独特な制度だと法務省は説明する。しかし表面上の類似や差異とは次元の違う、もっと原理的な問題が忘れられていないか。新制度が批判される理由は多岐にわたるが、その中で、①裁判員の負担が大きい、②裁判官に比べて素人は誤りを犯しやすい、という二点に注目しよう。これらの反応の裏に欧米の制度と日本の新制度との違いが隠されている。他国の短所を斥け、長所を取り入れる安易な折衷態度が、裁判の本質をかえって見誤らせる。

諸外国、特に英米仏の事情と比較しながら、裁判への市民参加の意味を検討しよう。一般市民と職業裁判官のどちらが、より的確に判断できるかという単純な問題ではない。複雑な事件の真相が素人に明らかにできるのかという疑問の背景に、裁判の機能や真実の定義に関する誤解や錯覚はないだろうか。正しい判断とか合理的判断とは、そもそも何を意味するのか。善悪を判断するのは誰なのか。こうした原理的問いにもう一度立ち戻り、考えるための糸口を見つけよう。

1　市民優越の原則

裁判員制度で冤罪が増えるか

経験豊富な裁判官に代わって素人市民が判断すると冤罪が増える。こう心配する人は多い。日本の新制度では、裁判官三人と裁判員六人が合議体を構成し、過半数を以て有罪判決が出る。しかし、裁判官の少なくとも一人が賛成しなければ、裁判員だけが五人以上有罪を支持して過半数に達しても認められない。裁判員が感情に流され、テレビのワイドショーのように被告人をリンチにかける防止策として、冷静な裁判官の賛成がなければ、有罪を認めないという意味なのだろうか。ところが実際はその逆に、市民よりも裁判官の方が厳罰を処す傾向が高い。日米英仏およびポーランドのデータを順に確認しよう。

日本でも陪審制が採用されていた時期（一九二八～四三年）がある。その平均有罪率は八三％だ。全国合計で四八四件の陪審員裁判が行われ、八一件が無罪になった。二〇〇〇年から〇九年の一〇年間に、地方裁判所で職業裁判官が下した判決の有罪率は九九・九〇％（六五万二三七九件のうち無罪六四二件。『司法統計年報』）だから、それに比べるとずっと低い。

検察の起訴率によって有罪率は左右される。疑わしい被疑者をすべて起訴すれば、無罪判決が増える。逆に、犯人だと確信する被疑者のみ慎重に起訴すれば、有罪率は上がる。以上のデータに関して検察の方針に変遷があったかどうか不明なので断定はできないが、市民の方が寛大な様子がうかがえる。

京都で行われた英米式陪審制の模擬裁判の結果も参照しよう(Johnson, 2002)。陪審員一二人以外に、判事一〇人、司法修習生二三人、大学教員と大学院生一六人が裁判を傍聴した。模擬裁判終了後に、これら傍聴人四九人および陪審員一二人に、有罪か無罪かを判断してもらったところ、全体の五一%(六一人中三一人)は有罪、四四%(二七人)は無罪の判定をし、残りの三人はどちらとも判断しなかった。

回答者の内訳をみると、明確な傾向がわかる。判事は全員が有罪を支持し、司法修習生一四人(六一%)も有罪を選んだ。しかし教員と大学院生は一三人(八一%)が無罪を主張し、一般市民から選ばれた陪審員九人(七五%)も無罪と認定した。残りの陪審員三人は判定を控えた。つまり、判事は有罪だと全員が考えたのに対し、素人陪審員は一人も有罪の判断をしなかった。職業裁判官の方が、一般市民よりも有罪にしやすいことがわかる。司法修習生の過半数が有罪を支持したのに対し、教員と大学院生の大半が無罪を選んだ事実も同じように理解できる。

一九五〇年代のアメリカ合衆国のデータでも、同じ傾向が確認される(Kalven & Zeisel, 1966)。自分ならどう判決したかと重罪裁判の裁判官に尋ねた。資料としては古いが、公判を実際に担当した裁判官の意見を調査した大規模な研究は他にない。頻繁に引用される貴重な研究なので参照しよう。

調査対象になった合計三五七六件の公判のうち、陪審員の判決と裁判官の意見が一致し、双方が有罪と判断した割合は全体の六四％(二二八九件)、双方一致で無罪と判断した割合は一四％(五〇一件)だった。つまり七八％の事件で裁判官と陪審員が同じ評価をした。

陪審員は全体の六七％を有罪に、裁判官は八三％を有罪とした。裁判官の方が厳しい。両者の判断が分かれたケースに注目しよう。陪審員が無罪とした裁判の過半数(五八％)に対して、裁判官は有罪だとしたが、逆に、陪審員が有罪としたのに、裁判官が無罪と判断した事例は少なく、四％に留まる。犯罪の種類別にみても、裁判官の方が陪審員よりも厳しい事実は変わらない。また、陪審員をすでに経験した者は、初めて参加する者よりも有罪、特に死刑判決を支持しやすい傾向がみられる。裁判に慣れるにつれて、厳罰への躊躇が減るからだ(Kassin & Wrightsman, 1988)。

イギリスの事情も変わらない。イギリスではイングランド／ウェールズ、スコットランド、そして北アイルランドでそれぞれ裁判制度が異なる。ここではイングランド／ウェールズ(バーミンガム王立裁判所)の一九七四年から七六年の調査データを検討しよう(Baldwin & McConville, 1979)。陪審員裁判三七〇件のうち一一四件で無罪が言い渡されたが、裁判官はこれら判決の三六件(三二%)を疑問視している。逆に、陪審員が有罪にしたケースのうち、おかしいと裁判官が答えたのは八件(三%)にすぎない。

次はフランスの状況をみよう(AFHJ, 2001)。一七九一年に革命政権が陪審制を導入して以来、英米と同じように有罪・無罪の判定は市民だけで行い、有罪判決が出た場合のみ、裁判官が量刑を担当していた。陪審制度の下では、死刑など厳しい刑罰が予想されても、陪審員は量刑に介入できない。そのため有罪が明白でも、陪審員が無罪判決を出すケースが少なくなかった。

この弊害を避けるため一八三二年に法改正され、情状酌量権が陪審員に与えられた。同時に有罪率も少しずつ上昇する。しかしそれでも、一九世紀から二〇世紀初頭にかけて有罪率は六〇%程度にとどまっていた。さらに一九三二年には、陪審員と裁判官とが一緒に量刑判断するようになる(依然として裁判官は有罪・無罪の事実認定に加われない)。この改革により、有罪率が七五%程度まで高まる。厳罰主義の裁判官だけでなく、寛大な市民も加わって量刑するようになり、刑の緩和がさらに容易になったからだ。

ナチス・ドイツに占領され、ヴィシー傀儡政権が成立すると、厳罰化を図って一九四一年に法改正される。裁判官も事実認定に加わる参審制への移行だ。市民による事実認定と、職業裁判官による量刑という分業体制に終止符が打たれ、これ以降、日本の裁判員制度のように、市民と裁判官の合議体が事実認定・量刑の両方を行う。この改革を経て、現在の約九六%水準まで有罪率が上がってゆく(重罪裁判所の有罪判決数は毎年およそ二七〇〇件、無罪は一〇〇件ほど)。裁判官も事実認定に参加する参審制への移行を契機に有罪率が顕著に上昇した事実から、一般市民よりも職業裁判官の方が厳しい判断を下す傾向が推測される。

参審制を布くポーランドでは日本の裁判員制度と同様に、市民と裁判官が一緒に事実認定する。調査によると、市民参審員の判決が甘すぎると考える職業裁判官は八〇・六%に上る。また裁判官の方が市民よりも有罪判断に傾き易いと検察官の九〇%および弁護士の七三・八%が答えている(Parlak, 2006)。

一般的傾向として有罪率が高いほど、冤罪率は高くなるが、真犯人が確実に罰せられる確率が高くなる。逆に、有罪率が低いほど、冤罪の危険は少なくなるが、真犯人が野放しになる確率も同時に高まる。したがって、裁判官の方が高い有罪率を示す事実からすると、経験のない素人に裁判させると冤罪が増えるという危惧に確かな根拠があるとは思えない。

職業裁判官と一般市民の判断のどちらが正しいかはわからない。それは別の問題だ。しかし新制度導入により冤罪が減少するとともに、真犯人を無罪放免する危険が増加する可能性はある。ただし、ここで確認したのは事実認定に関する比較だ。量刑の重さについては、以上のデータから判断できない。被告人が本当の犯人なのか、警察での自供は自発的に行われたのかなどという事実認定と、真犯人だとすでに信じた後に被告人を感情的に罰する反応は別の心理プロセスだからだ。裁判官と市民が合議体を作る参審制・裁判員制度の特徴については後ほど検討しよう。

市民参加の意義

ところで、裁判員制度になっても従来と変わらない判決が出ると安心するなら、それは本末転倒だ。市民と裁判官が同じ判断をするのなら、職業裁判官で間に合う。わざわざ高い費用をかけて市民が裁く必要はない。裁判官とは異なる判断を市民が行うと期待するからこそ、市民参加が意義を持つ。そしてこの点は、裁判の目的は何かという根本的問いに繋がっている。実は、裁判で真実を究明するという発想にすでに落とし穴が潜んでいるが、それは本書の考察が進むにつれて明らかになるだろう。

日本の裁判員制度では、合議体の過半数五人が有罪を支持しても、そこに裁判官が一人も含まれなければ有罪判決が出せない。素人市民が感情に流されて有罪を乱発する危険は、これで防止される。しかし、すでにみたように、市民よりも裁判官の方が厳しい判決を下す傾向が強い。裁判官の独断を市民が阻止する保証は十分か。

裁判官三人全員が死刑判決を支持するとしよう。すると裁判員六人のうち二人が賛成するだけで合議体の過半数に達する。わずか二人の裁判員を取り込むだけで、今まで通り死刑判決を下せる計算だ。深い法知識を持ち、権威を帯びる裁判官にとって、素人二人の誘導など簡単だ。

それに、多様な価値観を持つ一般市民と違い、裁判官は皆同じように思考する論理訓練を受けている。また過去の判例や経験を基にするので、三人の裁判官が相異なる判断をする可能性は低い。『判例タイムズ』に掲載された最高裁判決を例に取ろう。小法廷判決での裁判官全員一致率は一九八〇年九七・七％（一三〇件中一二七件）、八五年九六・九％（六五件中六三件）、九〇年九五・一％（六一件中五八件）、九五年九六・五％（一一五件中一一一件）、九八年九七・一％（三四件中三三件）、九九年九四・九％（三九件中三七件）であり、平均九六・四％に上る（丸田 二〇〇四。件数をもとに割合を計算）。小法廷では判事三人から五人が合議して審理するが、出身分野の偏りを防ぐために、裁判官出身二人、弁護士出身一〜二人、検察官出身〇〜一人、法曹以外（行政官・外交官・学識経験者）出身一人が各小法廷に配分されている。それでも判事はほとんどの事案で同じ立場を支持する。一枚岩の専門家集団に抗して自分の意見を通せる素人はほとんどいない。評議の影響プロセスについては後に扱うが、裁判員制度で市民の意見が本当に活かせるか疑問が残る。

裁判官を監視する欧米市民

職業裁判官よりも市民の判断を重視する傾向は諸外国で一般に強い。重罪裁判に絞って確認しよう(Leib, 2008; Kaplan & Martin, 2006)。

英米をはじめ、コモン・ロー(慣習法)に基づく司法体系を持つ諸国では陪審制が採られ、裁判官は事実認定に加われない。有罪を決定するのは市民であり、職業裁判官は口出しできない。陪審員の出した有罪判決が明らかに誤りだと思われる場合に、裁判官が無効宣言することはある。しかしその逆に、無罪判決を覆す権限は裁判官にない。

イングランド／ウェールズ、北アイルランドでは陪審員一二人のみで事実認定する。同じ英国でも、スコットランドは陪審員一五人で評決する。アメリカ合衆国・カナダ・オーストラリア・ニュージーランドも陪審制だ。陪審員過半数の支持で有罪が決まるスコットランドは例外だが、基本的には市民一二人が全員一致で有罪判決を支持する必要がある。どちらにせよ裁判官が行うのは、わずかな例外を除いて、有罪判決後の量刑だけだ。ロシア・スペイン、そしてブラジル・メキシコ・ニカラグア・ベネズエラ・エルサルバドルなど中南米の多くの国、世界中に散らばる旧イギリス植民地もほとんどが陪審制である。

ベルギーとオーストリアは、それぞれ一二人あるいは八人の陪審員による有罪判決が確定した後に、ともに裁判官三人を加えて、陪審員と裁判官が一緒に量刑する方式を採用している。

デンマークでは最近まで、裁判官三人と陪審員一二人が参加し、それぞれ三分の二以上(裁判官二人、陪審員八人)が支持しなければ有罪にできなかった。二〇〇八年の改正により陪審員が六人に減ったが、市民の三分の二の支持が必要な点には変わりない（最低でも裁判官二人かつ陪審員四人の有罪判断が必要）。デンマークの新しい構成比は日本の裁判員制度と同じだが、混同してはいけない。市民の三分の一を誘導するだけで有罪判決に持ち込める日本とは、職業裁判官に対する市民の制御力が大きく異なる。

裁判官と市民が合議体をなす参審制の国でも、裁判官の独断や誘導を防止するための策が設けられている。

フランスの革命政権は陪審制を導入したが、度重なる改正を経て、現在この国は参審制を採っている。したがって日本と同様に、有罪判定も量刑も市民と裁判官がいっしょに評決する。そのため、裁判官が市民に対して行使する影響が懸念される。裁判官三人と裁判員六人が組む日本と、裁判官三人と参審員九人が合議するフランスとを比べると、それほど差がないような気がする。しかし、重要な違いを見落としてはならない。フランスでは合議体の三分の二（八人）以上が賛成しなければ有罪にならない。したがって、裁判官全員が有罪としても、参審員の最低五人、つまり市民の過半数が賛成する必要がある。

スウェーデンは裁判官一人と参審員五人、フィンランドは裁判官一人に参審員が三人加わり、合議体の過半数で決まる。裁判官が有罪を選択しても、市民の過半数支持がなければ認められない。ノルウェーの制度は複雑だが、裁判官の独断を市民が牽制する備えは他の北欧諸国と変わらない。

イタリアとドイツは、裁判官に対する市民の抑止力が弱い。イタリアでは裁判官二人と参審員六人の合議体を作り、その過半数で有罪が決まる。したがって、裁判官が二人とも有罪だと判断する場合は、参審員の半数である三人が賛成すると有罪になる。ドイツは裁判官三人と参審員二人の合計三分の二の賛成で決まる。つまり裁判官全員が有罪を決めても、参審員の一人は賛成する必要がある。裁判官全員が有罪支持でも、参審員半数の賛成を必要とするという意味では、裁判員三分の一が賛成するだけで有罪が確定する日本の新制度に比べれば、イタリアやドイツの方が市民の比重が若干高い。しかし参審員の数が少ないので、裁判官の独断を阻止するシステムとしては不十分だ。

ポルトガルとギリシアは裁判官三人と参審員四人、ポーランドは裁判官二人と参審員三人で合議体を構成し、過半数の賛成で有罪が決まる。裁判官全員が有罪支持ならば、参審員一人の賛成で有罪になる。したがって裁判官の影響を市民が牽制する力は弱い。オランダは裁判官だけで判決し、市民は参加しない。

以上概括したように、欧米諸国大半と比べ、日本の制度では職業裁判官の優位が目立つ。海外では裁判官の権力制限に注意が払われるのに対して、日本では逆に市民の厳罰への暴走が危惧されるという認識の違いがあるから、このような規定になったのか。あるいは、市民が望まないのに司法官僚が裁判員制度導入を推進した背景に、今までと同様に厳罰傾向を維持しながら、市民参加を口実に判決を正当化する狙いが隠されているのだろうか。法学者・後藤昭は言う。

裁判員制度が国民を権力に取り込むものであるという見方は、ある意味では当たっている。それはこの制度が、市民代表を裁判に参加させることによって、裁判の正統性を強化する働きを持っているからである。しかし、そうしなければ裁判の説得力を維持できなくなったことに注目するべきである。

日本の裁判員制度の合議体構成は後にみるように、ナチス・ドイツ支配下のヴィシー傀儡政権が厳罰化を目的に導入したフランス参審制と酷似する。新制度によって市民の意見を反映させると法務省は宣伝する。しかしフランス近代史上、市民の影響力をもっとも抑えた制度と、日本の裁判員制度は同じ構成になっている。

英米陪審制度の精神

市民が司法に参加する制度が、なぜ欧米では発達したのか。裁判員制度導入時に日本で闘わされた議論は、国民主権論や懲罰権など裁判の根幹には触れずに、冤罪・厳罰化の懸念や裁判員にかかる負担など、いわば技術的次元にその多くが終始したように思う。しかし、人を人が裁くとは何を意味するのかという根本にまで考察を掘り下げないと、欧米諸国の事情は理解できない。

一二一五年のマグナカルタにすでに陪審制が明記されるイギリスはもちろん、アメリカ合衆国とフランスも司法への市民参加の歴史は長い。しかし、国家の代理人である裁判官ではなく、市民が判決を下すという基本構図は同じでも、「市民」の意味が英米とフランスでは大きく異なる。

英米はともに多民族・多文化を束ねる連邦国家だ。アメリカ合衆国が建国時以来の移民国なのは誰でも知っている。しかしイギリスが、イングランド・ウェールズ・スコットランド・北アイルランドという四つの異なる文化共同体の連合である事実はしばしば忘れられている。外国移民の統合の仕方にも多民族・多文化主義が反映され、普遍主義を採るフランスのように言語・文化の均一化政策が採られない。そのため、英語をほとんど話さない人々ばかりが集まって住む地域も少なくない。

ところで、文化的多様性を保つ複合共同体では、中央権力はよそ者と見なされやすい。イギリス陪審制の背景には、王権に対する地方豪族の権力争いがあった。自分たち共同体の紛争を中央権力によって処理される反発から、陪審制度が導入されたのである。

イギリスから独立を勝ち取って建国されたアメリカ合衆国も、陪審制導入の理由はよく似ている。宗主国と植民者とが裁判権を争う形で陪審制が地盤を固めていった。英国植民地としてアメリカ大陸に作られた一三州は次第に本国の裁判に不満を持ち、陪審制を盾に自分たちの権利を守ろうとした。植民者を無罪放免する陪審員に対し、イギリス政府は被告人を本国に移送して裁く対抗手段を採った。

このような歴史事情から、英米法における陪審員は社会の縮図を意味する。したがって、性別・民族・職種・階層などに関して偏りのないサンプルでなければならない。確かに、現実は理想とかなりかけ離れているが、この理念は今でも生きている。

さらには、英米経験主義とフランス合理主義の違いが挙げられる。コモン・ロー(慣習法)を基にする英米では、過去に蓄積された判例が法体系を成す。イギリスには憲法がない。立法府が定める法律がトップダウン的に市民生活を規定するというよりも、ボトムアップ的に個々の具体的判例が積み重なって政治が運用される。様々な背景を持つ市民の利害調停が、英米における政治の基本的役割だ。

そのため英米法における裁判は、真実を究明する場というよりも、紛争を具体的に解決する役割を担う。検察は共同体を代表して犯罪告発する。そして、捜査機関が立てる犯罪仮説をめぐって、被告人・弁護側が抗弁し、検察の主張にまちがいないかを市民陪審員が判断する。これが英米の裁判だ。したがって論争と判断の公平を保証しなければならない。裁判官は中立の立場を守り、検察と弁護側の間で闘わされる議論の進行役に徹する。

フランスの政治理念と裁判制度

絶対王政・革命政権・帝政・共和国という長い中央集権の歴史を持つフランスは政治共同体として発達した。この辺りの事情はドイツと対比するとわかりやすい。ドイツは中央集権の歩みが遅れ、プロシア主導の下、統一国家として成立したのは一八七一年にすぎない。国家を持たず、国境が明確でなければ、ドイツ人という観念は言語・文化・血縁に基づくほかない。ドイツ人のアイデンティティは、ゲーテやヘルダーなどロマン主義作家によって徐々に形作られていった。

それに対し、フランスでは一六世紀にすでに王権が確立し、フランス国土の境界が明確に定められた。そのため血縁や文化よりも土地と権力構造に依存する、契約主義的な国家概念が発達した。市民の間に本質的な違いはないという普遍主義が国家理念の底流をなす背景には、政治共同体としてフランス国家が築かれたという歴史事情がある。

英米と異なり、フランスの陪審員は国民の縮図・サンプルとして裁判に参加するのではない。

陪審員は、抽象的概念としての主権を体現する存在として理解される。この点は、ルソーによる〈市民の総意(volonté de tous)〉と〈一般意志(volonté générale)〉の区別を念頭に置くとわかりやすい。

我々は会社員・公務員・芸術家・事業主・医者など様々な職業に就く。男女は社会で同じ扱いを受けない。政策の意味は当事者の年齢や経済状態によっても異なる。どんな社会が正しいのかと自らに問いかけてみよう。十分な年金を受給し、安心して暮らせる社会を望む高齢者もいれば、弱肉強食の原理に共感する若者もいる。各人自分に都合の良い返答をするにちがいない。だから、社会全員の意見を聞いて多数決を採っても、その結果が正義を体現する保証はない。正義が何かという問いに答えるためには、自分が置かれた固有の条件を捨象し、社会全体にとって正しいあり方を中立な立場で考える必要がある。例えば高速道路の建設計画があり、そのためには自宅を立ち退かねばならない。しかしそれが社会全体にとって望ましければ、土地接収に自ら進んで同意すべきだ。

これがルソーの言う一般意志であり、単なる多数決の結果である市民の総意とは区別される。裁判の判決は、各人の私的利益から独立する不偏中立の意志表明であり、現実の社会構成を反映する利害関係の平均値や妥協であってはならない。

アンシアン・レジーム時代、徴税吏や裁判官など官職は売買の対象であり、財産を意味した。

そのため裁判官は利益集団を構成していた。だから、国家権力を人民の手に取り戻そうとする革命政権にとって、職業裁判官の追放は民主主義樹立の証として必要な行為だった。陪審制は、王権支配との断絶を象徴する。選挙によって人民から権限を委任された議員が法律を制定し、社会秩序への造反は、人民の化身たる陪審員が直接裁く。フランス革命が打ち出した人民主権の理念だ。

フランスでは立法府が優位に立ち、市民の決定＝〈一般意志〉の遂行が正しい政治のあり方をなす。ボトムアップの英米に対して、国家権力の強いフランスはトップダウン的だ。

検察と弁護側双方の主張を公平に聞いて、検察が提示する犯罪仮説の妥当性を検証するのが英米における裁判所の役割だと述べた。それに対してフランスでは、主体的に真実究明を果たす場として裁判所が位置づけられる。検察と被告人双方が自主的に進める法廷闘争に任せ、裁判官はできるだけ介入しない英米方式とは対照的に、フランスでは事件解明や証拠探しを裁判所が積極的に行う。

裁判権をめぐる闘い

今見たように、英米法と大陸法では司法哲学が異なる。アングロサクソン的発想あるいはフランス人の国民性の違いをそこに見ることもできる。しかし、様々な立場の勢力・階層が混在して社会は成り立っており、理念の陰で熾烈な勢力争いが繰り広げられてきたのも事実だ。長い歴史の中で多分に偶然の要素も交えながら社会制度は培われる(以下の歴史記述は主に AFHJ, 2001; Lombard, 1993 による)。

フランス革命が勃発した時、高等法院の裁判官は革命政権に対抗して王権を擁護した。そこで革命派は新秩序を樹立するために、裁判官から権力を奪取する必要に迫られた。旧体制を覆し、人民主権を打ち立てるシンボルとして、また反革命勢力の牙城を崩す措置として陪審制度が意味づけられたのである。もしそのような政治事情がなければ、フランスに陪審制が導入されなかったかもしれない。

革命の情熱は次第に冷め、現実に適応するための模索が始まる。それにともなってフランスの裁判制度は紆余曲折を経る。陪審員の数も大きく変遷する。一七九一年の制度導入当初には、市民陪審員一二人と職業裁判官四人が裁判を司った。被告人が有罪か無罪かを決めるのは市民だけであり、裁判官はそれに一切関与できない。市民陪審員が評議・投票し、一二人中一〇人以上の支持により有罪判決が出される。その後で、裁判官が法に照らし合わせて量刑を定める仕組みだった。

ナポレオン時代になると厳罰化が図られ、陪審員一二人中七人が有罪を認めるだけで十分となった。しかし、しばらくして帝政が終焉し、王政復古を経た後に、一八三〇年の七月革命が市民の権限を強化する。翌年、有罪判決に必要な陪審員数が八人に増えるとともに、職業裁判官の数が四人から三人に減る。しかしその直後また、保守派の巻き返しが起こり、一八三五年には、有罪判定に必要な陪審員数が七人に戻される。その後も裁判制度は頻繁に改革される。一八四八年に第二共和制が樹立されると、陪審員の数が八人になり、一八五三年になるとナポレオン三世が再び七人に減らすというように、左派と右派の攻防に応じて制度が変化する。

事実認定は市民が行い、量刑は職業裁判官が担当するという分業体制が、二〇世紀に入って崩れ始める。一九三二年の法改正以降、裁判官に加わり、市民も一緒に量刑するようになる。ただし、この時点ではまだ、有罪無罪の判定は従来通り市民のみが行い、裁判官は関与できなかった。

しかしナチス・ドイツがフランス北部を占領し、ヴィシー傀儡政権が成立すると、事実認定と量刑の分業体制についに終止符が打たれる。一九四一年のことだ。これ以降、この国の裁判は事実認定・量刑の両方を市民と裁判官の合議体で行う参審制に変更される。

素人だけにまかせると誤判が生じやすい証左として、フランスで陪審制から参審制に移行した事実を挙げる日本の論者がいる。二〇〇〇年に司法制度改革審議会が提出した「国民の司法参加に関する裁判所の意見」でも、陪審制は「誤判の危険性が強く、〔……〕フランス及びドイツでは順次参審制に移行」したと述べている。

しかしそれは正確な分析でない。ヴィシー政権が参審制を導入した目的は厳罰化だった。事実認定作業に職業裁判官三人を加えるとともに、市民の数を六人へとさらに減らし、合議体の過半数(九人中五人)の判断だけで有罪判決を可能にした。無罪に流れやすい市民の判決に裁判官が介入し、有罪率を高める意図でなされた移行だ。ナチス影響下に成立したこの改革によって、裁判官三人が有罪を支持すれば、市民のうち二人(三分の一)が賛成するだけで有罪が下されるようになった。これは日本の裁判員制度とまったく同じ構造だ。こうして有罪率が七五%から一挙に九二%まで上昇する。

一九四五年にナチス・ドイツが降伏し、ドゴール新政権が誕生すると、参審員の数は六人から七人に増やされる。さらに一九五八年には九人に増やされ、有罪判決のためには過半数ではなく、合議体の三分の二以上の賛成が必要になる。この改正により、裁判官三人全員が有罪を支持しても、市民の過半数が賛成しない限り、被告人は無罪放免される制度になった。

ここでみた陪審制から参審制への移行、有罪判決に必要な市民の割合の変遷以外に、陪審員・参審員の選出方法に関しても国家権力・司法官僚の思惑が絡み、そこに市民が抵抗するという構図を読むことができる。

独裁政権による市民排除

権力争いによって裁判制度が揺れ動くのは他の国も同様だ。ロシアでは、アレクサンドル二世が一八六四年に陪審制を導入したが、ボルシェヴィキ政権により一九一七年に廃止される。陪審制が復活するのはソ連消滅後の一九九三年だ。スペインでは一八〇八年にナポレオンが陪審制を布いたが、その後、独裁者フランコが廃止した。民主主義政権の下に陪審制度が復活するのは、ずっと後の一九九五年である。

独裁政権が市民参加を嫌う構図はイタリアとドイツにおいても確認される。一八四八年にフランスで革命が起きると、その煽りを受けてサルデーニャ王国の重罪院に陪審制が導入される。その後、イタリア統一運動の過程で全国に陪審制度が広まってゆく。しかし権力を掌握したファシスト党によって、一九三一年に市民主体の裁判制度は廃止に追い込まれる。第二次大戦終了後にイタリア共和国憲法は民主化の一環として、重罪院裁判への市民参加を参審制の形で復活させる。

ドイツでも同様に、一八四八年フランス二月革命の余波を受けて陪審員裁判が開始される。しかし一八七一年に成立したプロシア主導のドイツ帝国政府は陪審制度廃止に向かう。この国家統制の動きに議会は抵抗する。そこで妥協策として、重罪事件は市民陪審員が裁き、中程度の事件は職業裁判官のみが担当、そして軽い事件は参審員と裁判官が一緒に判決を下す制度が導入される。しかしその後、ナチスが台頭すると、司法への市民参加がさらに制限される。結局、戦後になって西ドイツに民主主義政権が誕生し、参審制度が復活された。

司法への市民参加と民主主義には深い関わりがある。裁判所は犯罪者を罰するための単なる役所ではない。裁判は、時の権力争いや階級闘争の結果に左右される、極めて政治的な行為だ。

ちなみに、民主主義的に選出された国会議員が正当な手続きを経て制定した法律でも、気に入らなければフランス人は無視し、あるいはデモやストライキによって覆す。二〇〇八年夏、石油価格高騰に窮した漁民のストライキも日本では操業停止に留まったが、フランスでは漁船団が石油備蓄基地を封鎖した。長距離トラック運転手がストライキをする場合、高速道路に大型車を横倒しにして通行不能にする。あるいは石油備蓄基地の入り口を封鎖して、国の経済を麻痺させる戦術が採られる。二〇一〇年の年金制度改革に反対する闘争でも、交通手段の罷業だけでなく、精油所の操業拒否が繰り広げられたが、政府に対する一連の反対運動は国民のおよそ七割に支持された。

フランスではストライキが頻繁に起き、そのために生ずる経済損失は膨大だ。全国的なストライキの場合、一日当たり三億から四億ユーロの損失が出ると試算されている。二〇〇七年秋に九日間続いたゼネストの損失は、国鉄だけで三億ユーロ（年間収益の三割以上）に上り、全業種での損失総額は四〇億ユーロ（五〇〇〇億円以上）に達した。エールフランス一社だけでも、一九九七年に生じた一〇日間のストライキで約二五〇億円の損失を出した。

未成年者の喫煙・飲酒禁止のように、実際にはあまり守られない法律も、日本では覆そうとしない。法は法だからだろう。しかしフランス人にすれば、市民の大半が嫌だと思う法律はまちがっている。政府が廃止しなければ、市民が実力行使でつぶす。その背景には、議会制手続きの遵守ばかりが民主主義を支えるのではないという政治感覚がある。

2 裁判という政治行為

フランスの市民至上主義

殺人・強姦など重大な犯罪は、私的な罪だけでなく、共同体自体に対する反逆と捉えられ、フランスでは中世末期になると王立裁判所が独占的に裁くようになる。例えば父親の殺害は家父長制に対する挑戦であり、共同体全体に関わる脅威を意味する。王立裁判所の機能を引き継いだ重罪裁判所のみに陪審制が置かれた理由はここにある。

刑事裁判の告発主体は被害者や遺族ではなく、共同体を体現する国家だ。国家は被害者の代弁者として犯人を処罰するのではない。共同体秩序への脅威に対する反応が国家主宰の刑事裁判だ。アメリカ合衆国では弁護士と検察官を attorney at law と呼ぶ。attorney とは代理人の意味だ。被告人の代理が弁護人、国家の代理として裁判に臨むのが検察官である。検察官は被害者の代理人ではない。告発者はあくまでも国家だ。

イギリスの裁判は R *vs* John Smith などと称される。この R は The Crown を意味し、女王対ジョン・スミスの裁判、すなわち女王の名において共同体がジョン・スミスを告発する形を取る。米国も同様だ。検事は人民代表として裁判開始時に紹介され、事案は「ウィリアムズ対人民」あるいは「ウィリアムズ 対 フロリダ州」などと呼ばれる。ドイツでも「国民の名において、この判決を言い渡す」と裁判長が主文を読み上げる。

なぜ市民が裁くのか。職業裁判官の日常感覚は一般人とずれているから素人に任せる方が良いというような実務上の話ではない。犯罪を裁く主体は誰か、正義を判断する権利は誰にあるのか。これが裁判の根本問題だ。誰に最も正しい判決ができるかと問うのではない。論理が逆だ。誰の判断を正しいと決めるかと問うのだ。人民の下す判断を真実の定義とする、これがフランス革命の打ち立てた理念であり、神の権威を否定した近代が必然的に行き着いた原理である。

フランスでは二〇〇〇年になるまで、重罪の控訴が認められなかった。破棄院という、日本の最高裁判所のような制度はあるが、ここでは手続き上の誤りだけが審議され、有罪や量刑の是非は問われない。したがって、例えば殺人で有罪になると控訴の可能性がまったくなかった。

一〇年以下の刑罰を扱う軽罪裁判所の場合は控訴できる。軽罪裁判では第一審も控訴審も職業裁判官が裁くからだ。職業裁判官ならば誤判がありうる。官僚がまちがえても、それは技術的問題にすぎない。しかし重罪裁判では陪審員・参審員を媒介に人民自身が裁きを下す。したがって、人民の決定に対する異議申立ては、国民主権の原則からして許されない。陪審制を導入して以来、この立場が二世紀にわたってフランス司法界を支配してきた。

軽罪判決には控訴の権利が認められるのに、重罪に処される者には許されない。被告人の権利擁護から考えると不条理だ。一九八一年に死刑が廃止されたが、それまでは死刑判決でも控訴できなかった。しかしながらこの矛盾は、主権者人民はまちがいを犯さない、人民の判断が正しさの定義だという教条が障害となり、真剣に討議されなかった。

ヨーロッパの上訴制度はローマ時代に生まれた。しかしこれは裁判機構内部での確認手続きであり、現代の上訴とは性質を異にする。つまり、下級官吏が出す判決に対して上位の官吏が再確認する制度にすぎなかった。フランスでは革命を契機に陪審制が始まり、それ以降、裁判の意味が変質する。一七九一年九月二九日付け政令により「陪審員の判決に対しては控訴できない」と規定され、刑法にも明記される。手続き上に不備がある場合を除いて、市民代表が下す判決を覆すことは、人民主権の原則に矛盾するとされ、その精神が最近まで保たれてきた（AFHJ, 2001）。

しかし、この規定は国際人権規約(一九六六年一二月採択、フランスは一九八〇年六月に批准)および欧州人権条約第七議定書(一九八八年一月発効)に抵触する。刑事事件の有罪および量刑の見直しを上級裁判所で受ける権利をこれら条約が保障しているからだ。人民の決断は絶対であり、覆すことは不可能だとする基本理念を維持しながらも、二度目のチャンスを被告人に与えようという国際協定を満足するには、どうしたらよいか。

重罪裁判の第一審を職業裁判官だけに任せて、その判決が控訴される時は、陪審制による上級裁判所を設ける案が出された。そうすれば最終的判断は市民陪審員に委ねられるため、人民主権の原則を崩すことなく、上訴が可能になる。しかし第一審だけであろうとも、重罪、すなわち共同体秩序に対する反逆行為の審理を裁判官という官僚・技術者だけに任せる考えは、一般国民だけでなく法曹界にも拒否反応が強く、採用されなかった。

フランスの現制度では裁判官三人に加え、選挙名簿から無作為に選ばれる市民九人とで合議体をなして事実認定・量刑を行う(第一審)。無記名投票により三分の二以上が賛成すれば有罪になる。日本と異なり、裁判官全員が無罪判定をしても、参審員八人が有罪を支持すれば、それで有罪が決まる。控訴審は、第一審とは異なる県の重罪裁判所で行われ、裁判官三人と市民一二人の合計一五人でなす合議体の一〇人(三分の二)以上の賛成を以て有罪が確定する。

市民の数が第一審の九人から、控訴審では一二人へと増えた。職業裁判官が合議体に占める割合を四分の一（一二人中三人）から五分の一（一五人中三人）へと減らし、主権者＝市民の意志が控訴審において、より強く反映されるという筋書きが最終的に採用された。しかし市民の数を増やし、人民裁判の体裁だけを繕っても、人民が誤判を犯す可能性を認めた事実にはかわりない。人民の判断が真実の定義だというフランス革命が導入した理念は二世紀を経てついに終焉を迎えた。

ちなみに、陪審制を採るデンマークの第一審は市民六人と裁判官三人の合議体で行い、控訴審は市民一二人と裁判官三人で構成される。ノルウェーでは第一審が参審制、控訴審が陪審制で裁かれる。第一審よりも控訴審において、市民の比重が高い点はフランスと同じだ。

英米の控訴制度

英米法諸国では陪審制を採用しながらも、従来から控訴審が設けられている。そして第一審には市民が参加しても、控訴審は職業裁判官のみで構成される場合が多い。

日本では裁判員制度導入に際して、素人市民は感情に流されて判断を誤り、真犯人が無罪になる、あるいは逆に、罪なき人が冤罪で苦しめられると危惧された。民主主義的伝統の長い英米でも、上級審には市民が参加せず、職業裁判官だけで判決が下される。だからやはり最終的には、素人の判断に信用がおけないということなのだろうか。

人民が下した判決は覆せないという理由でフランスでは最近まで控訴できなかったのに、英米ではなぜ控訴が認められるのか。実はイギリスでも重罪の控訴は長い間、許されなかった。しかし、度重なる冤罪事件が一九世紀に発覚し、上訴裁判所を設立すべきだという議論が沸き上がった。それでも、市民の判決を職業裁判官が破毀する可能性への抵抗は強く、数十年にわたって賛否両論が闘わされた。結局一九〇七年に刑事上訴法が成立し、それ以降、有罪判決あるいは量刑に関して被告人に不服がある場合は、ロンドンの控訴院に異議申立てできるようになった(Spencer, 1998)。

なぜ英米では控訴できるのか。まず、この点を考えよう。すでに述べたように、フランスと英米では市民参加の意味が異なる。英米の陪審員は共同体の縮図であり、多様な価値観を代表する市民のサンプルとして裁判に臨む。しかし何らかの理由でサンプルに偏りが生じ、それで判決にバイアスがかかったかもしれない。だとすれば、このような不公平な裁判は再びやり直す必要があるし、そこに何ら論理的問題はない。

それに英米の裁判は真実究明を目的としない。共同体を代表して犯罪を告発する検察側と、それに異論を述べる弁護側とが各々の主張を公平に提示した上で、検察の犯罪仮説が妥当であるかどうかを裁判所が判断する。正しい世界はどうあるべきかと大上段から切り込むフランス的精神とは違い、多様な価値観を持つ市民たちが共同生活を営む上で生ずる利害の調整をする、これが英米の司法観念だ。人民が下す決断が真理の定義であり、それを覆す審級は存在しないとするトップダウン的理念のためにジレンマに陥ったフランスとは政治事情が違う。

具体的個人の集合として社会を把握する英米と、個人を超越する抽象的存在として国家を措定するフランス。それは「国民」という言葉の使い方にも反映されている。他国の人々と比較する場合を除き、英語の people は複数名詞として扱われる。個人の集合として理解されるからだ。しかしフランス語の peuple は常に単数名詞であり、個々の人間を超える別の抽象的存在として把握される。これは、言語上の偶然による差異ではなく、歴史的文脈の中で生まれてきた違いだ。革命政権およびナポレオン帝政の時期に、抽象的な国家理念が作られていき、それに伴って単数形が定着していったのである(Jouvenel, 1976)。

政治理念における「市民」の含意が、英米とフランスでは根本的に異なり、それが裁判のあり方に反映されている。

裁判官だけで裁く英米控訴審

市民が主役を演ずるフランスの控訴審とは対照的に、英米の控訴審は職業裁判官だけに任される。次はこの点を考えよう。やはり素人の判断では心許なくて、専門家による最終裁定が必要なのか。

英米法では検察官上訴が許されない事実をまず確認しよう。有罪判決が出た時は、それに不服な被告人が控訴して再び裁判を受ける権利がある。しかし無罪の場合はそれで確定する。どんなに不条理な判決であろうとも、陪審員が下した無罪判断を裁判官が無効にして審理差し戻しを命じたり、検察が異議を申し立てて控訴したりはできない。

検察官上訴を認めると、懲罰を受ける可能性が二度にわたって被告人に生ずる。だから、懲罰を求める側はたった一回の裁判で有罪判決を得なければならない。これは英米の刑事訴訟法が定める規定だ。陪審員が出した無罪判決に対して、国民が違和感や不満を持つことはある。しかしそれでも、検察が控訴すべきだという議論は英米では起きない。無実の者を獄につなぐ危険を冒すぐらいならば、真犯人を野放しにする方がましだとする英米の民主主義の精神がそこにある。

第一審で陪審員が下した無罪判決はそれで確定し、判決を覆す方法は存在しない。しかし逆に、有罪の場合は被告人に控訴の権利がある。したがって被告人にすれば、まず市民により裁かれて有罪になった上で、さらに職業裁判官に裁かれ、再び有罪になって初めて判決が確定する。つまり、市民陪審員による判決でも有罪、職業裁判官による判決でも有罪とされる場合のみ、懲罰に服するのである。素人の判断は信用できないから、専門家だけによる控訴審を認めるのではない。英米の控訴審制度は、性質の異なる二つの審理を設ける冤罪防止策を意味している。

ただし、この規定は英米法だけであり、ヨーロッパをはじめ、多くの国で検察官上訴が認められている。英米法諸国とだけ比べて、日本の制度が非人道的だと批判する論者がいるが、それは勘違いだ。日本と同様、フランスでも検察官は控訴できる。英米で検察官による上訴が禁じられるのは、裁判の目的が異なるからだ。

刑事裁判において被告人に対峙するのは共同体自体であり、被害者あるいはその遺族ではない。それはどの国にも共通する。しかしすでに述べたように、英米法における裁判の目的は真実究明でなく、共同体に生きる人々の利害調整をする場として裁判は機能する。共同体を代表する陪審員が犯罪性を認めなければ、あるいは被告人を赦すべきだと判断すれば、裁判の目的は達成される。また被告人が有罪を自ら認めれば、罪状の事実認定は公判にかけられない。真相解明が目的ではないからだ。被告人の人権を保護し、冤罪を防止する策として検察官上訴を禁止しても、このような裁判理念においては、論理的な不都合は生じない。

それに対しフランスなど大陸法の国々では、真実究明を裁判の使命とする。したがって第一審の判決が出ても、真実がまだ確定しない、あるいは解釈に不備があると判断されれば、被告人・検察どちらの上訴も正当であり、また再審する必要がある。被告人自身が罪を認めても、それが事実かどうかを最終的に決めるのは裁判所の権限だ。だから、英米のように、裁判の冒頭に行われる罪状認否(arraignment)で被告人が有罪を認めると、それで有罪が確定し、その後に量刑だけを裁判官が行う制度はなじまない。ましてや米国で頻繁に行われる司法取引は許されない。

判決理由の明示禁止

英米の裁判では、無罪か有罪かの評決結果(verdict)を陪審員が提示する際、結論に至った理由は示されない。それはフランス・デンマーク・ベルギーなどでも同じだ。裁判の本質を考える上で、この事実は大切な意味を持つ。なぜ判決理由を添えないのか。

これには先ず、歴史事情が関係している。陪審制が導入された頃、英米市民のほとんどは文盲だった。したがって、文章の書ける市民だけに限ると、陪審員構成に大きな偏りが出て、国民の縮図からかけ離れる。また陪審員全員の解釈を一つの意見にまとめるのは難しい。このような事情から判決理由は求められなかった。しかしそれだけが原因ではない。

アメリカ合衆国では、陪審員が法規定を故意に無視することがある(jury nullification)。例えば安楽死幇助罪で裁判が行われ、無罪判決が下されたとしよう。安楽死の禁止規定を陪審員が理解しなかったのか。あるいは理解した上で、安楽死を禁ずる法律自体に反対したのか。被告人が善良そうなので、法律が定める厳しい刑に処するのは酷だと判断し、無罪放免した可能性もある。しかし、判決理由がないから真相はわからない。判決理由の欠如と、無罪に対する上訴禁止という二つの条件により、英米法では制度上、どんな不可解で不正な無罪判決でも出す能力が陪審員に与えられている。

革命によって王権支配を覆したフランスでは、過去の体制との断絶を強調する政治的文脈の中で陪審制が性格づけられた。国家権力の横暴を取り締まる上で二つのやり方が可能だ。一つは、判決理由を明示させて裁判官を監督する方法だ。判決理由がおかしければ、裁判をやり直しさせ、その上、必要ならば担当裁判官を罷免すればよい。しかし革命政権が選択したのは、人民自身が直接裁くという、もう一つの方法だった。人民の決断は定義からして正しい。したがって、主権者を具現する陪審員は理由を示して、自ら下した決断を正当化する必要はないし、してもいけない。説明をすれば、判決への同意を求めることにつながる。誰の同意も必要ない。人民が判断した以上、それが最終決定であり、異議を申し立てる審級は存在しない。フランス刑事訴訟法第三五三条はこう規定する。

> 裁判官および参審員に対して、確信に至った経緯の説明を法は求めない。〔……〕法が要求するのは、次の問いに対する答えだけだ。そして彼らの義務のすべてが、この問いに凝集されている。すなわち、「心の奥底から確信しているか」という問いである。

判決理由を求めると、次のような弊害も起きうる。日本の裁判官の立場を想像しよう。組織力を背景に検察は、犯罪を立証するために周到な準備をし、精密な筋書きを描く。したがって裁判官にとって、有罪判決を下す場合は、検察の提示する犯行仮説の信憑性が高く、それを支持する十分な証拠があると認めればすむ。

しかし逆に、無罪判決を出すためには、検察の主張を斥けるための説明を裁判官が提示する必要がある。判決に限らず、科学や哲学の命題でも、肯定するよりも、理由を明示して否定する場合の方がずっと大きな労力を要する。裁判官は常に多くの事案を抱え、一つ一つの犯罪解明にかけられる時間には限りがある。そのため、有罪判決へのバイアスが無意識に働くと裁判官自身も答えている(Johnson, 2002)。

推定無罪の原則に照らして、これは完全な倒錯だ。理由明示を禁ずる諸外国では、単に not guilty(有罪ではない)と宣言すればすむ。しかし日本では判決理由を裁判官に求めるので、こういう逆転が起きる。

裁判官に誘導される危険

日本の裁判員裁判では、裁判長主導の下に評議が行われる。判決を協議するにあたって、裁判の争点はどこにあるのか、適用すべき法律の条文は何かというように、裁判長が整理する。

英米では陪審制の下、裁判官は評議に加われないし、公判に提示された証拠や、検察・弁護側双方の主張を裁判官が要約・説明することは禁じられている。どの証拠・主張に重点を置くかによって、公判内容の印象が変わるからだ。

フランスでも、公判内容の要約が一八八一年に禁止されて以来、現在まで一貫している。検察と弁護側双方の最終弁論が終わると、裁判長は議論終了を宣言する。その際、意見を述べることも、討論内容を要約することも許されない。ちなみに、公判前に準備される供述資料など一切の書類は、裁判長だけに閲覧が許される。他の裁判官二人は、市民九人と同様に白紙の状態で公判に臨み、その場で討議された内容だけを基に判断しなければならない。

裁判長による説示の問題点を理解するために、次の日米の例を比較しよう。護身用に武器所有が認められるアメリカ社会では、正当防衛を争う裁判が多い。正当防衛が成立する法的条件として、暴行を受ける差し迫った危険があり、逃げる方法がないこと、そして防衛は必要最小限にとどめられる必要などがある。しかし市民の常識は法規定とかなりずれており、法の専門家が過剰防衛だと解釈する場合でも、素人陪審員は正当防衛を認める傾向がある。これはすでに述べた、陪審員による法の無視であり、無罪判決が下れば異議を挟む術はない。このように、市民の判断が法に優先される可能性が制度化されている。

対して日本の裁判員制度では職業裁判官の権限が強い。殺意の解釈を例に取ろう。殺人罪認定には殺意の存在が前提になる。ところで法律用語としての殺意は、人を殺す行為であることを認識し、かつ、それを容認する意志を意味し、確定的殺意と未必的殺意とに分けられる。前者は積極的殺意概念であり、殺してやるという意志を伴う場合を言う。それに対し後者は消極的殺意概念であり、殺すつもりはないが、死んでも構わないという意識の下に行為する場合を言う。

前者の確定的殺意については問題ない。しかし後者の、未必の故意としての殺意は、常識的理解とかなりずれている。相手を刃物で刺す瞬間に、殺そうと本人が思わなくとも、客観的にみて、死ぬ可能性が十分高ければ、殺意があったと法律的には判断される。

このように市民の日常的感覚が法規定と齟齬する場合、裁判官は正確な法解釈を裁判員に説明する。二〇〇八年一二月にＮＨＫで放送された模擬裁判番組『あなたは死刑を言い渡せますか』に取り上げられた事件の事実認定において、殺意はないと裁判員六人のうち四人が評議当初は判断していた。しかし裁判官の一人が殺意の法的定義を説明した途端、殺意があったと、この四人も意見を変えてしまった。

職業裁判官は共通の判例に依拠して判断するだけでなく、大学時代以降、裁判官になるまで同じ教育を施される。さらには裁判官に就任した後も、先輩の薫陶を受けながら経験を積むので、思考様式が定型化する。したがって一枚岩の立場を表明しやすい。特に裁判官三人が同じ見解を示す場合、素人裁判員にとっては、それが正しい答えだという強い圧力になる。また評議での全発言の四〇％近くを裁判長一人が占め、市民裁判員はあまり発言しない事実も報告されている（堀田 二〇一〇）。

このような状況をどう評価するか。市民感覚を判決に反映させる目的で新制度は導入されたはずだ。裁判官に影響されて市民参加は結局、有名無実になるのではないか。『アメリカ人弁護士が見た裁判員制度』の著者コリン・ジョーンズは言う。

> 裁判員制度は裁判所に対する批判をなくすためにあると思う。〔……〕裁判員を関与させることによって、外からの批判が難しくなる。しかも、参加した裁判員は守秘義務で口が封じられているため、中からの批判もなかなかできない状況も担保されている。〔……〕つまり裁判員制度は、司法が国民の威を最大に借りながら、最小限の影響力しか国民に付与しない制度である。

裁判員制度は本当に機能するのか。ポーランド参審制度の研究を参照しよう（Parlak, 2006）。参審制が開始されてすでに半世紀の歴史を持つこの国では、裁判官二人と参審員三人が評議して判決を下す。しかしほとんどのケースで裁判官の解釈が通り、参審員は飾り物にすぎないと考える裁判官が四六％に上る。市民参審員の割合を減らすべきだとする裁判官は六八％、職業裁判官だけで裁くべきだと考える裁判官は一七・七％だ。

ポーランドの参審員の無力さは、実際の判決現場を観察した研究でも明らかにされている。どの国でも評議は秘密にするのが原則だが、研究者の立ち会いを法務大臣が特別に許可したおかげで得られた貴重なデータだ。研究対象になった刑事裁判二五七件のうち五九・七％のケースでは、実質的に裁判長が一人で判決を決めている。内訳をみると、参審員の意見を裁判長が無視する場合が二〇・六％、参審員の意見を一応は聞くが、結局は裁判長が批判して斥ける場合が三一・一％、そもそも参審員が口を挟まず、すべて裁判長に任せる場合が八・〇％となっている。

なぜ日本では裁判官説示が認められるのだろう。正確な判断は素人にできないから、裁判官の助けが必要なのか。何故そのような考えが広まっているのだろう。量刑には法律の専門知識が必要だから、素人だけに任せるのは無理だ。実際、量刑を市民だけで行う国はない。しかし事実認定は法規定を知らなくとも可能だ。

現に英米では数百年にわたって、市民だけで重罪裁判の事実認定を行ってきた。日本人の教育水準は高い。英米人だけでなく、フランス人・デンマーク人・ロシア人・スペイン人・ベルギー人・ブラジル人などに判断できて、日本人に無理なはずがない。仕事を休んでまで裁判に関わりたくないとか、死刑判決を下す勇気がないとかいう理由で裁判員を辞退したいというならば、賛否は別にして理解はできる。しかし、日本人には事実認定する知的能力が備わっていないから、職業裁判官に任せよという主張は説得力を持たない。素人に裁判は無理だという思い込みは何に由来するのだろう。

3　評議の力学

有罪か無罪かをめぐり、陪審員一二人が全員一致の結論に至るまで議論する原則は、陪審制度生誕の地イギリスでおよそ七百年にわたって、またその伝統を受け継いだアメリカ合衆国でも二百年近くずっと守られてきた。しかし一九七二年に出された米国連邦最高裁判所の決定を境に、この状況が変わった。死刑判決の場合は、陪審員一二人全員一致の原則がすべての州において守られている。また、重罪裁判で全員一致を必要としない州の数はわずかだ。陪審員一二人以下で裁判を実施する州の数も少ない。しかし軽罪裁判においては事情が変わった。

陪審制維持には膨大な費用がかかる。集めるべき陪審員の数が減れば経費削減になる。また多数決で評決できれば、全員一致に至らず裁判をやり直すケース(hung jury)も減る。評議にかかる時間も短縮できる。そして、有罪に必要な条件が緩和されれば、厳罰化を望む世論への配慮にもなる。こうした改革によって被告人の権利が侵害される恐れはないと米国最高裁は判断した。しかし学界からは強い疑問が出された。以下、批判点を検討しよう。日本の制度では多数決で有罪が決まる。そこに盲点はないか。

全員一致と多数決の違い

全員一致ではなく、多数決による評決を認めても、結果は本当に変わらないのか。実際の裁判データを基にする分析は制度上難しい。しかし模擬陪審裁判を実施した研究が発表されているので、その一つを検討しよう(Nemeth, 1987)。

評議前に各人の意見を尋ね、それに応じて六人ずつの陪審員グループを合計三七組作った。一九組では四人の多数派が有罪、二人の少数派が無罪を支持し、残りの一八組では逆に、多数派四人が無罪、少数派二人が有罪の立場になるよう組み合わせた。評議を二時間させたところ、多数派が無罪を支持していた一八組のうち一六組は全員一致で無罪になった。少数派の意見が勝り、途中で流れが変わったのは一組だけ、そして残りの一組は全員一致に至らなかった。ところが、有罪多数派と無罪少数派が評議した一九組に関しては、異なる結果が出た。七組が有罪、七組が無罪、そして残りの五組は意見が分かれたままだった。

つまり、有罪と無罪の意見が混在する場合、無罪優勢の状態が評議を通して有罪に至る可能性は低いが、逆に、有罪優勢が覆されて最終的に無罪判決が出る可能性は高い。評議の途中で無罪の方向に変化しやすい傾向は一般的であり、他の研究でも確認されている。何故だろうか。

推定無罪の原則を思いだそう。有罪と無罪の判定は同じ価値をもたない。裁判所は、検察側の主張する有罪と、弁護側が訴える無罪のどちらが妥当で説得力があるかを判断するのではない。有罪決定の瞬間まで被告人は無罪だ。被告人が有罪か無罪かどうかをゼロから判断するのではない。無罪と推定される人間に対して、そうではなく有罪だと判断を変更するに十分な材料があるかを吟味するのだ。必要なのは有罪の立証のみであり、無罪を立証する必要はない。疑いが残る場合は無罪だ。これが推定無罪という普遍的原則であり、それはどの国でも変わらない。だから英米の裁判で、有罪は guilty、無罪は not guilty と言う。innocent（無実）とは言わない。それはフランスでも同様であり、無罪は non coupable（「有罪ではない」）だ。

立証責任が検察にある以上、被告人を有罪に処すためには、犯罪仮説の正しさを示すと同時に、弁護側が提示する他の筋書きをすべて却下する必要がある。それに対して弁護側は、検察の仮説を崩す確かな材料をたった一つ提示できれば十分だ。評決は、有罪と無罪のどちらを支持する者が多いかを判定するのではない。有罪支持者の数が規定に達するかどうかだけが問題だ。評議が進み、様々な検討が加えられるにつれて、仮説に綻びが見える可能性が高まる。議論の結果、有罪よりも無罪に傾きやすい理由はここにある。したがって、全員一致に至るまで議論を続けず、多数決で判決を決めると、有罪率が高くなる危険がある。

全員一致と多数決にはもう一つ大切な違いがある。多数決では、判決に対する信頼度が劣る。評決に至る過程は明かされないので、何人の陪審員が実際に同意したのかは外部に漏れない。しかし、全員一致ではなく、過半数あるいは三分の二の賛成で十分だと知る以上、判決への国民の信頼度は下がるだろう。多数決と全員一致の判断の質的違いに関して、小浜逸郎が重要な指摘をしている。

多数決原理というのは、本来、過去にあった事実の価値を突き止めるためにあるのではなく、私たちが未来に直面してどう振る舞うべきかを決定するためにあるのである。したがって、立法府である国会が、この原理を採用しているのは、きわめて妥当だというべきである。

ところが、司法の正義を貫く原理は、すでに起きてしまった過去が、本当はどういう性格のものであったのかを究明するところにある。

多数決は単に優勢な意見・解釈にすぎない。しかし全員一致の決議内容は、議論を尽くして最終的に至った解答だ。社会の縮図あるいは人民を体現する代表が確信をもって行き着いた結論、これ以外にはないという答えだ。判決への揺るぎない信頼を維持する上で、どちらの方法が優れているかは明白だ。多数決と全員一致の違いは単なる量的な問題ではない。判決の絶対性という虚構が維持される上で、両者は意味が大きく異なるのである。

裁判官だけで判決を下していた時代は評議内容が密室に閉ざされていた。また、同じ訓練を受けて思考様式が均一化した裁判官の間で、判断の大きなずれはなかった。しかしこれからは多様な価値観を持つ市民が参加する。裁判員が抱く印象が少しずつ社会に浸透していくだろう。

過半数の賛成で判決が決まる。それは半数近くの意見が無視されるという意味だ。裁判官による誘導は避けられない。どんなに用心しても、また誠実な態度で接しても、権威を帯びる専門家によって、素人市民はまちがいなく影響される。裁判官全員が有罪を支持すれば、裁判員六人のうち二人が賛成するだけで有罪が確定する。死刑になるかも知れない。あとの四人はどう思うだろうか。自分の意見は反映されなかったと裁判員に悔いの残るケースは必ず出る。確かに、評議内容に対する守秘義務はある。しかし、裁判員を経験する人数が増えるにしたがって、裁判に対する信頼が揺らぐ可能性は否定できない。

少数派の力

陪審員を一二人から六人に減らしても実質的違いがないと米国最高裁は判断した。一二人の陪審員が一〇対二の評決をしても、六人の陪審員が五対一の評決をしても、どちらも八三％対一七％の比率だ。同じ結果ならば、陪審員が少ない方が経費節約できてよい。しかしこの単純な計算は誤っている。陪審員を減らすと、社会の少数派意見が判決に反映される可能性が低くなるからだ。

第一に、陪審員選定の際に、少数派層の代表が少なくとも一人含まれる確率が下がる。ある案件で住民の九割が賛成し、残りの一割が反対すると仮定しよう。反対派が陪審員になる確率はどうだろう。あるいはアメリカ合衆国のような多民族社会において、一〇％の人口比率を持つ少数派集団がいて、彼らの意見が判決に反映される確率を考えてもよい。一二人の陪審員を抽選で選定し、その中に少なくとも一人は少数派が含まれる確率を計算すると七二％になる（一二人の中に一人も少数派が含まれない確率は0.9の12乗だから、それを1から引けばよい）。しかし陪審員が六人で構成されるならば、その比率は四七％に下がる（六人の中に一人も少数派が含まれない確率は0.9の6乗であり、それを1から引く）。これは非常に大きな差だ。

第二に、少数派が陪審員全体に占める割合は同じでも、一二人中の二人と、六人中の一人では少数派が置かれる心理状況がまったく違う。ソロモン・アッシュが行った有名な実験を例に説明しよう。二つの図があり、その一方には約二〇センチの線分（基準線）が一本描いてあり、もう一方には異なった長さの三本の線分がある。基準線と同じ長さの線分を、数メートル離れた位置から選ぶよう被験者に指示する。線分三本の長さはかなり違うので通常はまちがえない。しかし、数人のサクラが口裏を合わせて誤答を選ぶと、それに影響されて被験者は判断を誤る。比較を一二回繰り返すと、被験者全体の七五%が少なくとも一回はサクラにつられた。判断総数に対する割合でみると、影響の確率は三三%だ。明らかな誤答でも、他の全員が一致して正しいと判断すると、それに抗して自らの意見を主張するのは想像以上に難しい。

しかしこのような影響が起こるのは、長いものには巻かれろというように、単に影響源が多数派だからではない。アッシュは先ほどのように大多数のサクラに誤った答えを選ばせながら、サクラのうち一人だけは異なる回答をするよう実験状況を変更した。被験者にとっては、他の参加者の意見が分裂した状況を意味する。この場合、大多数のサクラが同じ回答を維持しても、その影響力は弱くなり、サクラに影響される回数は全体の一割程度に留まる。

この時、サクラの一人が正しい答えを選ぶ場合でも、また他のサクラよりももっと誤った答えを選ぶ場合でも、多数派の影響力は同様に減少する。つまり、自分と同じ立場を支持する他者がいるかどうかが重要なのではない。また影響源の多数性が問題なのでもない。依拠する情報源が一つに絞られるために、被験者の判断が影響を受けるのである。

陪審員一二人の中に少数派が二人いる場合と、六人のうち一人だけが少数派の立場を主張する場合では、多数派が行使する影響力に格段の差がある。単なる算術的思慮から米国最高裁は陪審員数の変更を承認したが、社会・心理場が行使する磁力の中で生きる人間の判断は、そのような単純な発想では捉えられない。

評議の影響プロセス

影響プロセスを考える上で、もう一つ有名な研究を見ておこう。スタンレー・ミルグラムが行った、いわゆる「アイヒマン実験」だ(ユダヤ人を虐殺した毒ガス施設の建設を主導したナチスのアドルフ・アイヒマンにちなむ)。実験には二人の被験者と、白衣を着た実験担当者(ミルグラムの助手)とが参加する。二人の被験者のうちどちらか一人が「先生」の役、そしてもう一人が「生徒」の役を務める。生徒役は単語の組合せを暗記し、後ほどそれらの組合せを思い出さなければならない。他方、生徒が誤った回答をするつどに、罰として電気ショックを与えるよう先生に指示する。どちらが生徒あるいは先生になるかはクジ引きで決める。

それぞれの役割が決まったら全員一緒に実験室に入る。そこには電気イスが設置されており、白衣の実験者は、生徒が逃げられないよう電気イスに縛りつける。生徒の両手を電極に固定し、身動きできないことを確認した後に、先生役は初めの部屋に戻り、電気ショック送信装置の前に座る。この装置にはボタンが三〇あり、順に一五ボルト、三〇ボルト、四五ボルト……というように一五ボルトずつ電圧が高くなっている。最後のボタンを押すと四五〇ボルトの高圧電流が流れる仕掛けだ。そして誤答のつどに一五ボルトずつ電圧を上げるよう指示が与えられる。

さて実験が始まった。生徒と先生はインターフォンを通して話す。生徒は時々まちがえ、電気ショックの強度が徐々に上がる。七五ボルトに達した時に、それまで平気で答えていた生徒は呻き声をもらす。そして一二〇ボルトに達すると「痛い。ショックが強すぎる」と訴えるようになる。しかし実験はさらに続く。一五〇ボルトになると、「もうだめだ。出してくれ。実験はやめる。これ以上は続けられない。実験を拒否する。助けてくれ」という叫びが聞こえる。ショックが強くなるにしたがって、悲鳴は大きくなる。二七〇ボルトになると、実験停止の要求というより断末魔の呻きに近い。三〇〇ボルトになると、「これ以上は質問されても答えるのを拒否する。とにかく早く出してくれ。助けてくれ。心臓が止まりそうだ」と生徒は繰り返す。これ以降は、質問をしても返答はない。

しかし、数秒間待って答えがない場合は、誤りと判断してショックを与えよと実験者は指示する。したがって、生徒が返答を拒否しても、先生役はボタンを押し続けなければならない。さらに実験は進み、電圧はますます上がる。生徒は苦しみの叫び声を挙げ、助けてくれと繰り返すのみ。そして三四五ボルトに達した時、生徒の声がまったく聞こえなくなった。それまで叫び続けていたのに急に反応がなくなってしまった。気絶したのだろうか、あるいはもしかすると最悪の事態に……。しかし実験は容赦なく続く。そして最終の四五〇ボルトのボタンに達しても、ショックを与え続けるよう指示される。

以上がミルグラムの行った実験のあらましだ。生徒役は脚本にしたがって演技するサクラだ。常にサクラが生徒役、本当の被験者が先生役になるようにクジに仕掛けがしてある。実際には通電されず、あらかじめ録音されたサクラの演技がスピーカーから聞こえてくるだけだ。しかし被験者にとっては非常に現実感がある。生徒が死んだのではという危惧を被験者の一部は抱いたし、失神など何らかの重大な事態が起きたと心配した者は多かった。結局、被験者の六五％が最高電圧の四五〇ボルトに達し、実験者が止めるまで拷問を続けるという結果が出た。

アッシュの実験でサクラのうち一人だけが他の回答を選ぶと、影響力が格段に減少する事実を先ほどみた。強い影響力の理由は、被験者が外界から隔離され、依拠できる他の情報がない点に求められる。ミルグラムの実験が示した驚くほど高い服従率の秘密も同じ原理による。したがって、この密室性を崩し、実験者の指示とは異なるもう一つの情報源を与えれば、服従率は減少する。

先生役を三人（実はそのうち二人はサクラで、残りの一人だけが本当の被験者）にして、一五〇ボルトの時点でサクラの一人が実験停止を申し出る。仕方なしに実験者は残りの二人（被験者ともう一人のサクラ）に実験継続を指示する。二〇〇ボルトに達したら、残りのサクラも実験継続を拒否し、最終的に被験者だけが残される。この設定では服従率は一〇%に留まった。

人間が影響される原因は、情報源の多数性や権威だけではない。それよりも密室に閉じ込められ、多様な意見を比較できなくなるから簡単に影響されるのである。判決を定める評議の際に、少数派が一人しかいない場合と二人いる場合では、状況が質的に違う事実を見落としてはならない。

中立な判断はない

集団の生み出す判断・行動は、集団の構造に応じて変化する。軍隊・警察・消防署のように指揮系統を明確にし、上意下達を重んじる組織もあれば、新商品を開発するために行うブレイン・ストーミングのように自由な意見交換を促す緩やかな繋がりもある。同じ人間が集まっても、コミュニケーション構造が変われば、そこでなされる決定も異なる。

意見の違う人々が議論する方が、よく似た考えの人々ばかりで話し合うよりも、多様な角度から問題を吟味するので、誤りに気づきやすいし、新しい発想も生まれやすい。しかしそのためには、誰もが自由に発言できる雰囲気を作る必要がある。議長やリーダーが発言順を統制したり、一定の思考枠を設けたりすると、少数派の意見が押しつぶされ、問題の細部にまで検討が及ばない。

陪審員評議では、六人の場合に比べ、一二人の方が全員一致に至るまでにかかる時間が長く、また少数派の立場が尊重されやすい。そのため、検察官の示す犯罪仮説がより深く検証される。人数が多い方が、公判中に聞いた証言内容をより正確に思い出す事実も確認されている(Nemeth, 1987)。

『一二人の怒れる男』というヘンリー・フォンダ主演の映画がある。彼を除き、他の陪審員は皆、被告人の有罪を確信している。しかし、多数派の圧力に抗してフォンダが自分の主張を維持するうちに、他の陪審員は新たな視点で問題を見直し始め、最後には全員が無罪の立場に変わる。しかし少数派の意見が圧殺される状況なら、検察が提示した犯罪仮説の綻びに気づくことはない。

ところで、この物語では最終的に被告人が無罪になった。しかし評議を終えて陪審員が家に戻り、自分の判断は本当に正しかったのかと問う時、「いや、やはり有罪だ。他の陪審員が次第に無罪に傾くのをみて、自分も影響されてしまった」と思うかもしれない。他の情報が遮断された密室では、どの方向にも簡単に態度が変化する。だから、異なる情報環境に置かれると、それまでの確信が嘘のように揺らぐのである。

どのような評議環境を整えるべきかが問題なのではない。人間は真空状態で判断しない。どの状況も一定の方向にバイアスがかかった空間であり、中立な状態は存在しない。集団内のコミュニケーション構造に応じて議論が変化する事実は、裁判の機能を考える上で重要だ。組織構造や手続きなど外的条件によって評決が変化する意味をもっと考える必要がある。それは、真実とは何かという問いにつながっている。

真実とは何か

裁判官は緻密で合理的な思考をする。対して、素人の判断は感情に流されやすい。だから素人には裁判できないと結論づけるべきか。

逆に、職業裁判官の感性は一般市民とずれているので、庶民の生活感覚を反映させるべきだという意見もある。確かに三、四年ごとに転勤を繰り返し、地域住民との交流がない上に、裁判官ばかりの公務員住宅に住むため、彼らは普通の市民生活を知らない。また団体加入や意見表明の自由が制限され、行動や生活の自由も十分でない。学生時代からずっと勉強漬けの裁判官は、いわば純粋培養の環境で人格形成される。

しかしこれらの意見は両方とも問題の核心を見失っている。欧米で職業裁判官よりも市民に重きをおく理由は、市民の判断の方が正しいからではない。真実は誰にもわからないからだ。裁判官と裁判員のどちらにより正しい判断ができるか。この問いには原理的に答えが存在しない。

ある事実認定を正しいと認めるためには、裁判所の解釈と事実自体が二つの別な内容として存在し、かつ両者の間に齟齬がないと証明される必要がある。しかし事実自体は誰にもわからない。すでに述べたように、警察・検察・弁護側にはそれぞれの推論や主張があり、裁判官には裁判官の判断がある。それ以外にマスコミや世間の意見もある。これら多様な見解の中で最も事実に近いと定義されるのが裁判所の判決だ。裁判が真実を究明したかどうかを判定するために比較すべき生《なま》の事実はわからない。

秤《はかり》やモノサシが正確かどうかを調べるには、基準になる原器と比較する必要がある。しかし裁判で争われる事実に原器はない。無罪判決が出ても、被告人が無実である論理的保証はない。逆に、有罪判決を受けた人々が真犯人である確証もない。事実そのものに到達することは原理的に不可能だからだ。判決内容が事実に合致しないと主張するのではない。合致する場合も、そうでない場合もあるだろう。しかし、それを検証する方法は存在しないのである。

突拍子もないことを言うのではない。自然科学の世界でも事情は同じだ。科学的言明が正しいとされるのは、理論が導く実験結果が事実に合致するからではない。その時点における科学者集団の知見に照らして理論が整合性を持ち、説得力がある、そして実験値が理論の予想とほとんどずれない場合に、正しいと暫定的に認定されるのである。

科学者たちが合意する理論にしたがって適切な実験方法が定められ、実験機器が出す結果の意味が解釈される。この解釈以外に事実は存在しない。オーストリアの物理学者シュレディンガーの逸話を引こう(Koestler, 1959)。彼は量子力学における波動方程式を提唱したが、実際に実験してみると、方程式が予測する理論値と実験値が一致しない。そこで方程式に手を加えて修正版を発表した。ところが後になって、実は初めの式の方が正しいことが判明したという。スピンと呼ばれる、電子の自転が当時はまだ知られていなかったために誤差が生じたのだが、このスピンを考慮に入れると、シュレディンガーが頭の中だけで考えついた式の方が正しかった。

事実といっても、それは実験の結果に過ぎず、他の角度から実験をすれば、また他の結果が得られる可能性がある。見えている事実は、ある特定の視点から切り取られた部分的なものにすぎない。観察された事象が世界の真実の姿なのかどうかを知る術は、我々人間には閉ざされている。科学の成果が信じられるのは、この分野で事実が生み出される手続きが信頼されるからだ。

素人市民の方が裁判官よりも誤判が多いか少ないかという問いは意味をなさない。事実がわからない以上、判定しようがないからだ。答えは制度の内在的性質からは出てこない。どのような裁判形式ならば国民の信頼を得られるか、社会秩序が安定するかが肝心なのである。

合理的判断という錯覚

裁判官のように合理的に考える訓練を積んでいない素人は感情に流されやすく、誤判を生む危険があると言う。醒めた判断は正しく、感情的反応は誤りだという前提がここにある。しかしこの常識がすでに問題を孕む。どういう思考形式を合理的・論理的と形容すべきか。少し検討すると不明瞭になる。

犯罪の残虐性を強調するために、血まみれ死体の写真を法廷に示す。単に言葉で犯行状況を聞くのと、写真やビデオで具体的姿を見るのとでは、犯罪の印象・意味が異なる。虚構にすぎないと承知していても、映画やテレビ・ドラマで悲しい場面を見ると頬に涙が伝う。しかし、六〇〇万のユダヤ人がナチスによって殺害されたと知っても、単なる統計数値だけでは、悲劇に巻き込まれた人々の苦しみは感じ取れない。

被告人がどんな家庭環境に育ったのかを、他人事として事務的に聞き流すか、感情移入しながら聞くかが、情状酌量で無期懲役か死刑かの分かれ道になるかもしれない。犯罪の残虐性や被害者・遺族の苦しみを肌身に感じないで正しい判断ができるのか。被告人に感情移入せず、冷ややかな態度で判断する方が論理的なのか。

フランスの重罪裁判を務める参審員は、公判前に刑務所を見学させられる。有罪になった被告人がどのような生活を送るか、前もって知るためだ。裁判官と裁判員に死刑執行の様子をビデオで見せたらどうか。あるいは死刑に実際に立ち会って、自分たちの判決のもたらす結果を実感してから判決を下すとしたら、どうだろう。

死刑執行の場面を想像しよう。受刑者が落下すると一分ぐらい烈しい痙攣が呻き声と共に続く。凄まじい形相に加えて、頸は胴体から半ば引きちぎれて、異様に長く見える。重圧のために眼球は変形し、口・鼻・耳から出血する(村野 二〇〇六)。

おとなしく死を受け入れる受刑者は稀で、たいていは泣き叫び、全身の力を振り絞って抵抗するという。「死刑囚監房掃夫」として、多数の死刑確定囚の世話や、死刑執行後の遺体を始末した元受刑者の手記から、処刑直前の様子を記そう(合田 一九八七)。

悟り切った死刑囚ばかりではない。最後の最後まで無実を叫ぶもの、死ぬのはいやだ、助けてくれ! と泣き叫ぶもの、あるいは恐怖のあまり泣きわめき、舎房の鉄格子にすがり付き、房内の机や椅子を壊して凶器にし、暴れ回る者もいる。まさに死にもの狂いである。看守などでは手が付けられない。ついには特警(特別警備隊)が出動し、滅多打ちにしてガス銃をぶっぱなし、意識朦朧の仮死状態のまま連行し、強引に首輪をかけて処刑したこともある。

〔……〕特警の靴音が、とある監房の前で止まり扉を開けようものなら、そこにはほとんどの場合、腰を抜かして立てなくなり、瞳はうつろでよだれさえ垂らし、時には小便をもらしたり脱糞までしている死刑囚を見る。それを、特警が後手錠をかけ、両脇からつりあげ、引きずるようにして、〔……〕雑木林の中の処刑場へと連行していく。連行されて行った後には、垂れ流された糞尿が、点々と続いていることもある。

死刑にすべきだと理性が言う傍らで、そんな判決はできないと感情が拒否する。その時、我々はどうすべきか。死刑という言葉が喚起する抽象的イメージが具体的現実の姿を取って目前に現れる時、ひとは初めてその意味を把握する。凶悪犯は死刑に処すべきだという醒めた抽象的決断と、生身の人間が血を流し、糞尿を垂らしながら殺される具体的現実との間で我々の心は揺れ、苦悩する。死刑執行の場面を実際に見たら被告を殺せないから、残虐性を知らずして死刑判決するのが正しい合理的判断なのか。

死刑判決を下す。一人ではとてもできない。しかし裁判員全員、そして経験を積んだ裁判官も賛成するなら、苦しい選択も可能になる。これを社会心理学では、責任の希釈現象と呼ぶ。

瀕死の路上生活者を見かける。助けを差し伸べられるのは自分しかいない。今、私が見て見ぬ振りをすれば、この人はおそらく死ぬだろう。急いでいても私がなんとかしなければならない。しかし、大勢の人が通る場所なら、私が面倒に巻き込まれる必要はない。他の人が救助するにちがいない。あるいは、末期患者の生命維持装置を外すかどうかを医療チーム全体で決める。一人の医師に負える重責ではない。どれも同じ心理メカニズムだ(死刑を執行する側の心理負担については、小坂井 二〇〇八参照)。

どの状況に置かれるかで人間の判断は大きく変わる。裁判員の氏名が公表されるか匿名に守られるかによっても意見は左右される。どの状況の判断を合理的と呼ぶのか。中立な状態は存在しない。一人でいる時も、大勢の人々と一緒にいる時も、どちらもそれぞれ固有の社会状況だ。

人間は、情報場の力学に恒常的に身を曝す、開放された認知システムだ。磁場に置かれた鉄球が四方八方から引っ張られる引力のおかげで同じ場所に留まるように、人間の自律性は、他者との情報交換の中で変遷し続ける動的な均衡状態として把握しなければならない。我々は多様な情報を外界から受けながら、意識や判断を均衡に保つ。同じ考えが維持されるのは、外部からの影響がないためではない。互いに拮抗する影響力を行使され続けるからだ。

社会的文脈を離れて、どの判断が正しいとは言えない。裁判官の解釈と一般市民の理解の間には隔たりがある。しかし、そのどちらが正しいかという問いに内在的答えはない。人間は身体を持つことを忘れてはならない。生き物としての人間、生身の身体が判断する。犯罪に対して我々は単に論理だけで反応するのではなく、怒りや悲しみを必ず覚える。心の論理と社会の論理にしたがって、我々は日々判断・行動し生きている。

第Ⅰ部の終わりに

以上、主に制度面から裁判を俯瞰した。裁判員制度が施行されて冤罪が増えるという危惧、欧米における市民優先の理由、陪審制と参審制における評議結果の違い、判決の意味などをめぐって検討した。西洋のあり方が正しいというのではない。西洋を真似しろというのでもない。答えはどこにも存在しない。根拠も答えもない世界に人間は生きている。そこで我々はどうするのか、これが本書の誘う問いだ。そのためには、まず誤解を順に解いてゆかねばならない。

他の社会制度と同様に、裁判も対抗勢力のせめぎ合いの中から生まれ、新たな闘いを通して変遷してゆく。裁判の歴史は、実務次元における試行錯誤だけが編んできたのではない。裁判は政治行為だ。どの社会であろうとも、人間の葛藤や闘いが歴史を作る。しかし、裁判員制度導入にあたって日本で闘わされた議論は実務的側面に集中した。司法への市民参加と国民主権との関連、判決の意味、そして裁判の限界などに関する本質的考察が抜け落ちている。なぜだろう。

第Ⅰ部では、裁判という社会装置をいわば望遠鏡で外から眺めた。第Ⅱ部では被疑者逮捕から判決に至るまでの過程を分析する。人間を中心に据え、社会心理学の顕微鏡を通して、人間の弱さや危うさを浮き彫りにしよう。ここでも多くの誤解が明らかになるだろう。

冤罪は裁判の原罪だ。冤罪を完全に避ける方法はない。だから冤罪の犠牲になっても諦めろと言うのではもちろんない。しかし、刑事訴訟法の改革や、警察・検察による取調べ方法の改善など技術論だけでは、問題の本質は見えてこない。冤罪が司法制度の不備から生ずるという先入観をまず捨てる必要がある。悪い現象は悪い原因から起こるという思い込みがすでに誤りだ。

第Ⅱ部　秩序維持装置の解剖学

冤罪事件が脚光を浴び、警察や検察の取調べ、そして裁判所の判断が問題視されている。死刑判決が出た事件を含め、冤罪は今までにもかなり生じている。以下では、犯罪捜査の段階で生ずる問題、自白や目撃証言の信憑性などに焦点を当て、なぜ冤罪が生ずるのかを分析しよう。

冤罪事件を告発する書を繙くと、日本では取調べのやり方や刑事訴訟法が旧態依然であり、被疑者の人権が擁護されないと指摘されている。確かに日本の制度に固有な問題があるのは否定できない。しかし西洋先進国でも被疑者の人権蹂躙は頻繁に起きている。冤罪研究者は、自国の制度を批判するあまり、外国の事情を理想化する傾向がある。それは日本だけでなく、英米やフランスの論者でも同様だ。現実はどの国の制度も大きな問題を抱えている。人間が裁く以上、避けて通れない様々な障害があるからだ。

冤罪を絶対に出さないための確実な方法は、警察を解体し、犯罪が起きても誰も逮捕しないことだ。その対極として、真犯人を確実に処罰するためには、怪しい者を片っ端から捕まえ、強制収容所に全員隔離するか、処刑すればよい。もちろんどちらもできないし、すべきでもない。しかし実際問題として犯罪処罰は、これら両極端の間のどこかに位置せざるをえない。

代用監獄廃止・捜査官の暴力防止・勾留期間短縮・取調べ可視化・弁護士接見条件緩和など、

被疑者の人権を守る規制が充実すればするほど冤罪は減る。しかし、真犯人が野放しになる確率も同時に高まるのは否めない。人間が人間を裁くことの意味を理解するためには、まずこの事実の直視から始めなければならない。

以下では、冤罪を生む構造を分析するが、その目的は冤罪防止策の検討ではない。無実の人が罪に問われる現象だけでなく、その逆に、真犯人が刑を逃れる事実も同時に見つめ、裁くという行為の意味を考えたい。

1　自白の心理学

無実の者でも虚偽の自白をしてしまう。これが冤罪を生む最大の問題だ。自白すると、警察の捜査方針だけでなく、目撃証言の解釈や裁判官の判断まで一貫して有罪へのバイアスがかかり、他の解釈の可能性が捜査活動から抜け落ちる。虚偽自白は、冤罪を生む自動運動の出発点をなす。

犯人が明白な事件は少ない。したがって、警察や検察は状況証拠・目撃証言・自白などを総合して犯人を推定するほかない。しかし後述するように、目撃者の記憶は当てにならないし、警察官・検察官・裁判官の判断も推測の域を出ない。曖昧なデータを基に推論せざるをえない以上、誤謬は必ず起きる。

「自発的な自白」という表現自体、形容矛盾だ。簡単に白状する犯人など、ほとんどいない。したがって、ある程度の駆け引きは避けられないし、被疑者を精神的に追い込む必要もある。そうでなければ多くの真犯人を取り逃がす。しかし厳しい取調べは同時に冤罪を生む危険性をもつ。本当にやっていないなら犯罪を自白するはずがないという常識は迷信にすぎない。

痴漢で捕まっても、初犯ならば低額の罰金刑で済む。そのため、マスコミや世間の糾弾から逃れたい一心で、無実の者でも容疑を認めやすい。その心情は十分理解できる。しかし、自白して有罪が確定すると死刑になる可能性のある重罪事件において、やってない犯行を自供するのは何故なのか。

冤罪率の試算

誤認捜査や誤判のメカニズムを検討する前に、まずは冤罪の深刻さを統計数字でつかんでおこう。冤罪が実際に生ずる頻度はわからない。しかし、ある程度の試算は可能だ。日本に関するデータは不明なので、犯罪統計が広く公開され、研究も多くなされている米国の事情を参考にしよう。

強姦殺人で服役する死刑囚のうち、一九八二年から一九八九年の期間にＤＮＡ鑑定のおかげで無実が晴れた者の割合を試算した研究によると、死刑囚の冤罪率は三・三％から五％ぐらいと見積もられている(Risinger, 2007)。

一九七三年から一九八四年までの時期について、犯罪全種類の死刑囚を対象に行った研究はもう少し低い冤罪率を出す(Gross *et al.*, 2005)。七五三四人の確定死刑囚のうち一一一人の冤罪が晴れた。冤罪率を計算すると一・五％になる。ただし、すでに死刑執行された受刑者や、死刑判決後に獄中で自殺あるいは病死した者が含まれており、彼らが真犯人であるかどうかは不明だ。また死刑から終身刑に減刑された者がかなりいるが、彼らは冤罪疑惑確認手続きの対象から外されるために、彼らの冤罪を証明する手段はほとんど残されていない。したがって、これらの件数を除外して残った死刑囚二三九四人だけを対象に計算し直すと、そのうち五四人の冤罪が証明されたので、冤罪率は二・三％になる。先に挙げた強姦殺人の冤罪率(三・三〜五％)よりも低い理由は、他の犯罪の場合、DNA鑑定に使える証拠が残りにくいからだろう。

これら冤罪件数のほとんどはDNA鑑定によって無罪が証明された。しかし、鑑定ができないために無実が証明できず、収監され続ける人もいる。殺人や強姦事件でDNA鑑定用の材料が残されるケースは二〇％にすぎない(Gould, 2008)。時間とともに証拠の質が劣化し、DNA鑑定が不能になった事案も少なくない。

また、ここに挙げた数字には、通常の控訴による無罪判決は含まれていない。死刑判決が確定した後に、重要な疑いが発見された事案について、DNA鑑定が行われて無実が晴れたケースの冤罪率である。しかし日本で冤罪と言う場合は、上級審で無罪判決が下るケースも含む。そのように冤罪を理解すれば、米国の冤罪率はもっと高くなる。

死刑囚だけでなく、重罪受刑者全員を対象にして、冤罪に苦しむ人の数を概算しよう。一九八九年から二〇〇三年までに米国では、およそ八〇〇万人の被告人に対して一年以上の懲役が科せられた。ところで、同じ時期に死刑判決を受けた者の数は六八〇七人であり、そのうち七四人の冤罪が晴れた。冤罪率一・〇九％に相当する。無期懲役以下の受刑者の場合も、死刑囚と同じ冤罪率だと仮定すると、八〇〇万人のうち八万七〇〇〇人が冤罪で投獄された計算になる(Gross *et al.,* 2005)。そしてこれは幾重にも低めに見積もった上での試算だ。恐るべき数字である。

日本の実態はわからない。現在およそ七万人の受刑者がいる。もしその一％が冤罪犠牲者だとすると七〇〇人になる。この数字をどう評価するか。一％ぐらいの誤審は仕方がないと考える人がいるかもしれない。しかし、一〇〇回離陸すれば一度は墜落する飛行機に我々は乗るだろうか。

日本の裁判は緻密に行われ、米国ほどには冤罪が起きないと楽観する向きもある。そうだろうか。第Ⅰ部でみたように、裁判官に比べて陪審員は寛大な判断をする。それでも、この冤罪率だ。職業裁判官だけで裁いてきた日本の冤罪率が格段に低いという保証はどこにあるのか。

ところで、冤罪で苦しむ人々の数に比べて、罪を犯しても罰せられない者の数は遥かに多い。米国では毎年およそ一〇〇〇万件の犯罪が警察に把握されるが、それ以外にも、警察に摘発されない犯罪が同数あると推定されている。これら合計二〇〇〇万件の犯罪に対して、逮捕されるのは二〇〇万人、そして起訴され最終的に有罪になるのは、その半分の一〇〇万人だ。夥しい数の犯罪者が法の網を逃れる勘定になる(Forst, 2004)。

無実の者を一人有罪にするぐらいなら、罪人一人を見逃す危険の方がましだと述べたのは、フランスのヴォルテールだ。また同じ時期にイギリスのブラックストーンは、罪のない一人が苦しむぐらいなら罪人一〇人を逃がした方がいいと主張した。しかし、犯罪者一〇〇〇人を見逃しても、冤罪者一人を出すよりはましだと言えるだろうか。米国で有罪判決を受ける者の数が一〇〇万人だから、冤罪率が一%だと仮定して、冤罪犠牲者は毎年一万人に上る。複数の犯罪に関わった者の数は不明だが、二〇〇〇万件の犯罪に対して冤罪者が一万人だ。犯罪者一〇〇〇人を見逃し、冤罪者を一人生む割合と、現実はそれほどかわらない。

日本の有罪率

日本では有罪率が異常に高く、それが冤罪を生む一因をなしていると言われる。他の諸国に比べて、日本の有罪率は本当に高いのだろうか。統計データを確認しよう。二〇〇〇年から二〇〇九年の一〇年間に地方裁判所で下された判決をみると(『司法統計年報』)、有罪率が最も高かった二〇〇〇年は九九・九五%(審理された六万七〇〇二件中、無罪三二件)だった。最も低かった二〇〇七年でも九九・八六%(六万九一三五件のうち無罪九七件)であり、平均有罪率は九九・九〇%に上る(六五万二三七九件のうち無罪六四二件)。

この数字を米国の事情と比較しよう。連邦裁判所における二〇〇〇年から二〇〇九年の平均有罪率は九〇・〇一%(同時期に出た判決七六万三五一件中、有罪判決数は六八万四三六七件)であり、年度による推移はほとんどない(最も低い二〇〇四年で八九・四〇%、最も高い二〇〇九年で九〇・六六%)。ちなみに内訳をみると、公判の冒頭に行われる罪状認否(arraignment)において、被告人が自ら有罪を認める(guilty plea)場合が八六・五四%、罪状を否認して裁判がなされ、その結果、有罪判決が出た場合が三・四七%である。前者が有罪全体の九六・一五%を占める。つまり有罪の大多数は、裁判を経ずに決定されている(Administrative Office of the U. S. Courts)。この司法取引制度の問題については後述しよう。州裁判所における有罪率は各州により異なるが、平均すると重罪で八五%、軽罪で九〇%ほどに上ると報告されている(Rasmusen *et al.*, 2009)。

したがって米国に比べると、日本の有罪率はかなり高い。しかし、すでに述べたように、フランス重罪裁判の有罪率は九六%程度だ。また、韓国における一九八四年から一九九二年の平均有罪率は九九・六％であり、タイの有罪率は一九九二年の数字で九九・二％だった(Johnson, 2002)。これらの国と比べると、日本の数字だけが異常に高い感じはしない。

日本の有罪率が高い主な原因は、有罪判決が出ると確信しなければ、日本の検察は起訴に踏み切らないからだ。ドイツ・イタリア・フィンランド・スウェーデンなどでは、容疑十分なら検察は必ず起訴する義務がある。最終判断は裁判所が行うのであり、それ以前に、起訴か不起訴かを検察が自由裁量で決めてはならない。しかし日本では、証拠が十分揃っていると判断される場合でも、被疑者の三七％ほどは不起訴処分になる(Johnson, 2002)。

刑務所に閉じ込めても犯罪者の更生は難しい。それどころか逆に、社会からの隔離により、反社会的傾向が増強され、より重大な犯罪へと向かわせる危険性が高い。また、刑務所の管理費は膨大であり、社会コストを考えると、投獄せずに社会内で更正を図る方が理にかなう。日本では裁判の結果が出る以前に、被疑者が有罪であるような扱いをマスコミから受ける。世間の非難は本人だけでなく、家族にまで及ぶ。したがって検察は起訴に慎重にならざるをえない。高い有罪率は必ずしも非難すべきことではない。無罪とは、無実の人間が身柄を拘束され起訴される結果として生ずる現象だからだ。

それに、無罪判決が出ると、マスコミや世間が検察を糾弾する。無罪判決は検察にとって失態と映る。そのため、有罪になると確信する事件しか起訴しない。有罪率が高くなるのは当然だ。ある裁判官はこう述べる(Johnson, 2002. 以下、外国語文献からの引用はすべて拙訳)。

真実を言えば、裁判官はできることなら、もっと無罪判決を出したい。しかし、無罪になる可能性のある事案は、まず絶対に起訴されてこないのです。

さらに、制度上の違いもある。米国では起訴か不起訴かを四八時間以内に決断しなければならない。現実には、半分以上のケースにおいて二四時間以内に決定されている。被疑者を取り調べ、被害者の話を聞き、目撃者の供述をとるために許される実際の時間はさらに短く、数時間の余裕しかない。したがって、有罪判決を確信する事案だけを起訴するのでは、多くの犯人が法の網をすり抜けてしまう。だから、起訴しても無罪になるケースが現れる。

それに比べて、日本の刑事訴訟法は最大二三日の勾留を認めている。その期間に十分な証拠を集め、被疑者の自白を引き出せる。したがって、被疑者が真犯人であるかどうか、有罪にできるかどうかの予測がつきやすい。

それに、陪審員が下す判決は予想し難い。同じように教育され、思考様式が定型化する職業裁判官と異なり、所属する階層・性別・宗教・政治信条などに応じて、各市民は多様な世界観を持つからだ。対して日本では、今まで市民が司法に参加せず、職業裁判官だけで裁いてきた。

裁判官と検察官は同じ訓練機関を経て任命され、その後も相互交流がある。したがって、裁判官の思考様式が検察官にはよくわかる。加えて、日本の裁判は供述調書など書類に頼り、公判時に口頭で行われる議論には重きがおかれてこなかった。だから、前もって判決の予測が立てやすいのである。

各国の勾留条件

さて、無実の者が虚偽の自白に至る心理過程の分析を始めよう。被疑者は外界との接触を遮断され、自らを犯人だと断定して疑わない取調官とたった一人で対峙する。無実なのに虚偽自白をする不思議を理解するためには、この事実にまず注目する必要がある。人間は自律性を保っているようでも、それは幻想にすぎない。我々は状況に応じて刻々と判断・意見を変える。家族どころか弁護士にも満足に会えず、朝から深夜までずっと取調官とただ一人で応対する被疑者は、一定方向に傾いた情報環境に置かれる。このような状況では、執拗な取調べに対抗して合理的に思考する能力を奪われる。

日本では逮捕されると、四八時間以内に警察から検察に送致される。検察では被疑者を二四時間拘束できるが、容疑の検討にもっと時間がいると判断すると勾留請求し、裁判所が認めれば、さらに一〇日間勾留する。それでも足りなければ、もう一回請求が可能なので、逮捕から合計二三日間にわたって取調べできる。

この期間中、弁護士との接見が許されるものの、実質的に被疑者は孤立状態に置かれ、捜査官の絶え間ない圧力にさらされる。アッシュやミルグラムの実験でみたように、外界から隔離され、依拠する情報源が一つに絞られる時、人間は簡単に影響される。事実に反する自供を引き出すのは、それほど難しくない。

日本の勾留期間の長さはよく非難の的に挙がる。罪状未定のままで勾留できる期間を西洋諸国と比較しよう。カナダは一日、米国・ドイツ・ニュージーランドは二日、デンマーク・ノルウェーは三日、イタリアは四日、ロシア・スペインは五日、アイルランドは七日、オーストラリアは一二日である。イギリスは通常四日が限度だが、テロリズム容疑の場合は二八日間まで勾留延長できる。これらと比べて、日本の勾留期間は確かに長い。

フランスの勾留期間は、逮捕から通常二日が限度だが、組織犯罪の場合は四日まで、特にテロリズム関連事件で、実際にテロ行為が生じうると判断される時は六日まで延長できる。

しかし、この勾留期間中に重罪の容疑が晴れず、さらなる捜査が必要と判断されると、予審判事に捜査続行が託され、勾留期間がさらに延びる。予審判事の捜査は基本的に一年間を限度とするが、必要ならば六カ月間ごとの延長が認められる。罪状が二〇年以下の懲役なら二年まで、二〇年以上の罪ならば三年まで捜査期間を延長できる。組織犯罪・テロリズム・人身売買・麻薬などの容疑の場合は四年まで延ばせる。その間、被疑者はずっと勾留され、厳しい取調べが続く。日本の比ではない。ちなみにフランスでは二〇〇一年に起きた児童強姦事件の捜査において、「白状しないならば三年間捜査する。その間ずっと拘置所にいてもらう。そして必ず有罪にしてやるから、そのまま二〇年出られないぞ」と予審判事が被疑者を脅し、嘘の自供を引き出している。この事件については後述しよう。

フランスにおける未決囚勾留の平均期間は、二〇〇二年の数字で六・四カ月だったが、二〇〇五年には七・一カ月に伸びている。ちなみに、フランスの留置場は不潔かつ劣悪であり、臨時勾留制度も含め、欧州人権裁判所によって何度も非難判決が出されている。逮捕されてから公判までの期間が長すぎるという理由で、フランスが欧州人権裁判所から受けた非難件数は二〇〇〇年度だけで合計四二回に上る(Salas & Carstoiu, 2008)。

フランスでは刑務所内の自殺者も多く、二〇〇九年度には一一五人に上った。服役中の自殺者数は欧州一五カ国で最も多く、二〇〇二年から二〇〇六年の平均をみると、受刑者一万人当たり二〇人にあたる(*Le Monde*, 18/01/2010)。フランス人一般の自殺率は二〇〇六年の数字で世界第一七位、一万人当たり一・七人だった。つまり、厳重な監視の下にありながらも、刑務所外の一〇倍以上の高率で受刑者の自殺が起きている計算だ。

日本における弁護士の接見制限はしばしば批判される。確かに英米に比べれば、日本の状況は被疑者の権利を十分保護していると言えない。しかしフランスも日本の事情とかわらない。二〇〇〇年に法律が改正されるまでは、逮捕後二〇時間、被疑者は弁護士にまったく会えなかった。法改正により、逮捕直後、二〇時間後、三六時間後にそれぞれ三〇分だけ接見が許されるようになった。

しかし、英米のように弁護士が取調べに立ち会ったり、捜査資料を閲覧したりはできない。正確な罪状を知らされないので、弁護活動は不可能だ。被疑者を元気づけ、警察官に暴力を振るわれなかったか確認するぐらいしかできない。容疑がテロリズム・組織犯罪・人身売買などの場合は、逮捕から七二時間後まで弁護士接見を禁止できる。また公判前に弁護士と実際に接する被疑者は少なく、全体の一割程度にすぎない。圧倒的多数の被疑者は、裁判所で初めて弁護士の顔を見るのが実情だ。

ただし、このような勾留条件は憲法違反だと、法律・政令などの違憲審査を担当する憲法評議会が最近決議し、二〇一〇年末現在、改革が検討されている。英米のように、勾留期間中ずっと弁護士が接見でき、取調べにも立ち会える改革案を法務省は提出した。しかし、例外措置がもうけられるだけでなく、後述するように、捜査側にはいろいろと抜け道があり、十分な人権擁護が保証されるかは疑問だ。

嘘を見破る難しさ

米国では捜査官のために取調べ用教科書が発行されている。その中でも特に評価が高く、研修で頻繁に使用される教科書を参考に、被疑者の自白を得るための心理操作術を検討しよう(Inbau *et al.*, 1986, 2005。批判的分析は Leo, 2008; Meissner & Kassin, 2004)。

取調べは二段階に分かれる。先ずは被疑者が犯人であるかを判断するために、自由な雰囲気で面接する。犯人に違いないという確信が得られると、次に本格的取調べの段階に入る。効果的で厳しい取調べにあうと、ほとんどの者は自白する。したがって、第一段階で判断を誤り、無実の人を取調べにかけると嘘の自供を引き出す危険がある。

第一段階では、質問に素直に答えるか言い逃れするか、弁護士を依頼せず自発的に答えるか、説明が明確か曖昧かなどの指標とともに、視線や手足の動き、声の震えなどを観察しながら、被疑者が嘘をついていないか吟味する。例えば容疑を言い渡される時、無実の人間なら犯行を明確に否定すると教科書は説明する。捜査官の目を直視し、嫌疑をかけられたことに怒りと敵意を表わす。椅子から立ち上がって捜査官に攻撃的姿勢を示すこともある。しかし犯罪者の場合は、「何故そんなことを私がしなくてはいけないんだ」「そんな事件があったことさえ知らない」などと言い訳がましい否認の形をとる。無実の者ならば、怒って捜査官に近づくのが普通だが、真犯人は逆に、捜査官から離れるために椅子を後ろに引いたり、視線を避けたりする。

弁護士に会いたいと言う人間も怪しい。嘘発見器（ポリグラフ）の使用を拒否する者も犯人である可能性が高いと教科書は教える。

十分に訓練された捜査官は、被疑者の嘘を見分ける能力に長けており、犯人と確信した者だけを取り調べるので、嘘の自供を引き出す危険はないと教科書は解説する。しかしこれは過信だ。嘘を正確に見抜く能力は人間に備わっていない。訓練をいくら積んでも無理なのである。実証研究を引こう。真実あるいは嘘の回答をする場面を見せ、事実と虚偽の判別可能性を検証した論文二〇六本の総括報告書がある（Bond & Depaulo, 2006）。検討に付された実験三八四件には合計二万四四八三人が参加したが、分析の結果、真偽を判断できた割合は平均五四％だった。最も正答率の高い実験でも七三％、最も良い条件でも三割近くはまちがうという意味だ。低い結果では三一％にすぎなかった。当てずっぽうでも五〇％当たるのだから、嘘を見破る難しさがわかる。

これらの研究に参加した者は素人だった。しかし訓練を施しても、嘘を見抜く能力は向上しない。一つだけ研究を例示しよう（Kassin *et al.*, 2005）。被疑者が取調べされる実際の場面を録画あるいは録音して、大学生と警察官に示した。正答率は警察官六四％、学生六三％であり、両者ほとんど変わらない。しかし、本当のことを言っているのに、嘘だと誤判断する割合だけに注目すると、学生は四六％なのに対し、警察官が誤る率は六七％に上る。この傾向は、捜査経験を積んだ者ほど高くなる。他方、自分の判断に対する自信は、警察官の方が学生よりも強い。つまり訓練の結果、人の言動に疑いを抱く傾向は強くなるが、判断力は向上しない、しかしそれでも、自分の判断が正しいという思い込みは強くなることがわかる。

嘘発見器使用の本当の理由

一九三〇年代までアメリカ合衆国では他の多くの国と同様、自白させる目的で拷問があからさまに行われていた。最近もキューバ・グアンタナモにある米軍基地の監獄で、テロ被疑者に対して水責めなどの厳しい取調べが行われた。しかし拷問すると、無実の者でも嘘の自白をするし、下手をすると精神を破壊し、殺してしまう。そこで、身体を苦しめる代わりに心理的抑圧状態に閉じ込めて、同じ効果を得る工夫が次第に練り上げられた。

自白する以外にどんな逃げ道もない、自白する方が得策だと思わせるのが、近代的取調べ術の基本原則だ。そのために警察は様々な手段を用いる。例えば、犯人である証拠が見つかったと被疑者に告げる。米国の法律では、この段階で捜査官が嘘をついてもよい。指紋が犯罪現場から検出された、強姦事実がDNA鑑定により証明された、被疑者が犯人だと目撃者が証言した、アリバイが成立しなかった、被疑者が首謀者だと共犯者全員が認めたなどと嘘をついて、心理的に追い込む(Geoffrey & Jeffrey, 2009)。

米国では犯罪捜査に嘘発見器がしばしば使用される。嘘発見器は、供述が本当か嘘かを直接調べるわけではない。心臓の鼓動・皮膚電導率（発汗作用）・呼吸リズムを測定し、どの質問をした際に変化が現れるかを記録する器械だ。嘘をつくと生理的反応が現れるという仮説を基にしている。しかし無実の人でも、取調べの恐怖や不安のために、通常とは違う反応が生じる。そのため、嘘を真実だと誤判定するよりも、逆に、真実なのに嘘だと誤る確率が高い。正答率は六〇％から七五％ぐらいだ。信頼性が低いため、嘘発見器の鑑定結果は公判時の証拠として認められない（Leo, 2008）。

それでも嘘発見器にかけるのは何故か。嘘発見器使用は通常、容疑否認後に提案される。「そんなに強く否認するならば、君の言うことを信じよう。しかし、その前に嘘発見器にかけて無実を証明する必要がある。そうでないと、いつまでも容疑が晴れないからね」と持ちかける。これで取調べがやっと終了すると期待して、被疑者は嘘発見器使用を承諾する。その時、嘘が判明したと告げるのである。警察とは無関係の第三者が行った科学的検査なので結果にまちがいないと言われると、被疑者は逃げ場を失い、絶望の淵に立たされる。無実を証明する方法が断たれたと思い込み、抵抗する勇気を放棄する。どんな検査結果が出ても、「嘘だと判明した」と捜査官は告げ、取調べを続ける。しかし、わざわざ結果を偽らなくとも、被疑者を少し動揺させれば、嘘をつく時と同じ結果が出る。

否認するたびに、言葉を遮ったり、嘘をつくなと怒鳴り、同じ質問を何度も繰り返す。これは取調べの常套手段だ。否認の言葉を発する瞬間に妨害するのがポイントだ。人間は言いたいことを言えないと心理的緊張が続く。すると極度の不安に陥り、合理的に思考する能力が奪われる。同じ質問を何度も繰り返すのは、被疑者の供述を疑うからだけではない。取調べを成功させる上で、被疑者を精神的に痛めつけることが、この段階での最重要課題だからだ。

犯行否認の発言を妨げる目的は、もう一つある。ある方向に行動を起こすと、同じような行動を続ける傾向が人間にはある。否認の物語を一度でも展開させると、その後で自白に転じさせるのは困難だ。逆に、いったん自白を始めれば、後は堰を切ったように他の事実も白状しやすい。取調べの教科書は戒める（Inbau *et al.*, 2005）。

犯罪への関与を否認すると、その後も、被疑者は真実を白状しなくなる。この人間の根本的性質は取調べ中だけでなく、それ以前の場面にも言える。取調べ前に妻や両親あるいは友人らに対して犯行関与を否定した被疑者は、そのような機会を与えられなかった被疑者に比べて、取調べ時に真実を述べる確率が低い。取調べ中に否認意見を許すと、最終的に自白を得るのが断然難しくなる。

どんな行為でもいったん行うと、それを正当化するために同様の行為がさらに起きやすい。だから、早い段階で被疑者の口を割らせる必要がある。嘘の自白や誤った目撃証言の際にも、この心理メカニズムは働く。犯行を「自供」し始めると、同じ方向で虚構の物語が進行する。また目撃者の記憶が自動的に再編成される。この仕組みについては後ほど詳しく検討しよう。

侮辱・罵倒され、無実の場合は、事実無根の非難を受ける。被疑者は怒りや悲しみを覚えるが、その気持ちを表せない。捜査官が聞きたい答えでなければ、口を開くだけで怒鳴られる。怒りや悔しさを捜査官に向けられず、感情のやり場がない被疑者は次第に自分自身を責めるようになる。タバコを吸ったり、水を飲んだりしたくとも許されない。背伸びや深呼吸も妨害される。緊張状態を解く可能性は意図的に封じ込められる。

人間に限らず、すべての動物は私的空間領域を持つ。だから、見知らぬ他人に近づかれると緊張が高まる。苛立たせ、不安感を煽るために捜査官は被疑者の身体に触れたり、耳元で急に大声を上げたり、至近距離で睨んだりする。ペンなど尖ったものを被疑者の目の近くに突き立てるのも、緊張感を高める手段として有効だ。

実際には暴力を振るわなくても、否認を続けるといつかは刑事に殴られると思わせるのも効果的だ。自白しない限り、苦しい状態から永久に逃れられないと錯覚させ、精神と肉体を疲弊させる。自信を失わせ、恐怖・絶望・無力感を抱かせる。

暴力団員のような職業犯罪者を除けば、突然逮捕され留置場に入れられて平気な人間はいない。不安と恐怖で夜も寝られない。長時間続く取調べは耐えられない苦痛だ。病気でも薬をもらえず、苦しみが募る。自供を拒む者には肉体的・精神的圧力がこうして何重にもかけられる。取調べが苦しくて、今の苦痛さえ逃れられるならば、どうなってもよいと諦めるまで責め続ける。推定無罪の原則は取調室では何の役にも立たない。捜査官を満足させる答えをしない限り、何度でも同じ質問を浴びせられる。いつの間にか、検証責任が捜査側から被疑者に移ったかのように取調べは進行する。

孤立の効果

取調室内の配置も大切だ。被疑者が座る椅子は、窓がなく狭い部屋の一番奥に設置し、入口近くに二人の刑事が陣取る位置関係にせよ、取調べの教科書はこう解説する。部屋の奥に閉じ込め、常に緊張感を持続させなければならない。椅子は狭くて座り心地が悪く、長く座っていると腰や尻が痛くなるものが好ましい。音の刺激を少なくし、刑事が取り調べる声と、机などを叩く音だけが響くよう配慮する。照明も不安感を煽る色と暗さが望ましい。空調設備も劣悪な方がよい。いるだけで気分が悪くなる場所に長時間閉じ込められると、不安や疲労がさらに増すからだ。時間経過がわからないように時計は外す。時間感覚を失い、取調べが永久に続く錯覚を起こさせる必要がある。少しでも早く取調べを終えたい被疑者に抵抗を諦めさせ、自白を引き出すための手段だ。

アッシュやミルグラムの実験を思いだそう。警察での取調べに比べれば、被験者の状況はずっと楽だ。それでも、隔離状態で情報源を制限され、同じ情報を繰り返し与えられると、簡単に影響されてしまう。アッシュの実験に参加した者の多くは、サクラの答えが誤りだと知りつつも、反対する勇気が持てず、同じ答えを選んだ。しかし中には自分の目を疑い、もしかするとサクラの意見が正しいのではと思った者もいた。

人を暗室に閉じこめ、聴覚・視覚・触覚など感覚刺激を低下させて長時間放置すると、幻覚が現れだし、影響への抵抗力が奪われる。二〇〇一年九月一一日に起きた同時テロ事件の容疑者に対して、グアンタナモ収容所で、この技術が用いられた疑いが報道されている。通常の取調べではここまでしないが、自白させるために孤立させる原理は同じだ。

厳しい取調べを受け続ける被疑者にとって、家族など大切な人から見放されるのはとても辛い。外からの支えがあるかないかが、虚偽の自白に堕ちるかどうかを分け隔てると言っても過言ではない。最近、富山県の強姦事件で実刑判決を受け、服役後に無罪が確定した人の例を取ろう。「「お前の姉さんが、間違いないから、どうにでもしてくれと言っている」という嘘の誘導取調べによって見捨てられたような気持ち」になり、やっていない犯罪を認めるに至ったと言う。「頑張れと誰かが言い続けてくれたら、頑張ることができたかもしれない」「否認しても信じてもらえない」「何を言っても通用しないと思い込まされてしまった」と冤罪犠牲者は説明する(『朝日新聞』二〇〇七年三月五日朝刊)。

だからこそ逆に、家族の力強い支持がある時、いったん認めた犯行自供を覆す可能性も生まれる。一九七一年に生じた土田・日石・ピース缶爆弾事件の被疑者は、「公判で認めて反省していれば、たいした求刑はしない」という検事の言葉に翻弄され、無実の主張を諦めていた。「事実を言った所で裁判には勝てる訳がない。だいいち今までの例のように何十年もの裁判にはとても耐える自信はなかった。まして何十年も裁判をしてそれで有罪になったらもう人生はおしまいだ。争うにはあまりに相手が強すぎる」と諦めきっていた。しかし、その消極的態度を決定的に崩したのが、父親から受け取った一通の手紙だった(榎下 一九八三。浜田 二〇〇五から引用)。

公判日前に父親としてどうしても言っておきたいことがある。〔……〕
一、お前は、勇気を出して、本当のことを述べよ。警察が何とお前に言おうと、〔……〕気にしてはいけない。
一、父母もおばあちゃんも、〔……〕そのためにいくら費用がかかろうと、年月がかかろうと、徹底的にお前を守り続ける決意をした。

一、一時の安易な気持ちを捨てて、真実に立ち向かう勇気を持て。過去に父としてこのような強い言葉を言ったことはなかったが、今度だけは一生一度のことだから強く言う。

〔……〕

一、〔……〕最後にくりかえして言う。「今後どんな辛いことが予想されようと、真実を言う勇気を持て」と。〔強調浜田〕

2　自白を引き出す技術

自白への誘導

取調べではまず被疑者を絶望に追い込む。この心理状態が達成されると次の段階に移り、自白しやすい状況作りが始まる。取調べの教科書をさらに読もう。犯人が自白拒否する理由は、刑罰の恐ろしさと、自分のした行為に対する罪悪感や羞恥心だ。したがって、罪は軽いと思わせ、心理負担が減るシナリオに誘導すればよい。

強盗事件ならば、解雇されたせいで金銭に困り、家族を養うために強盗を働いたのだろうと持ちかける。本当は家族思いの善良な父親なんだな、俺は信じているよと慰める。妻殺しの被疑者には、夫婦喧嘩が高じて殺してしまうことはよくある、すんだことは仕方ないから、先のことを前向きに考えようと誘う。強姦犯には、酒に酔っていたのだろうとか、夜中にミニスカートで歩いていた女も悪いとか言いながら、恥ずかしい行為ではなく、誰にでも起こりうる事故という雰囲気を作る。殺人事件では、殺すつもりはなかったのに、運悪く相手が死んでしまったんだろうと同情を装う。

このようなシナリオ模範例が取調べの教科書に載っている。まずは犯人だと認めさせることが肝心だ。具体的詳細を詰めるのは、その後でよい。犯行をいったん認めれば、自白に対する拒絶反応がなくなり、それ以降、取調べは楽に進む。

二つの選択肢を与えて、そのうち罪の軽い方のシナリオを認めさせる手もある(Inbau *et al*., 2005)。例えば、未成年者と性関係を持った嫌疑がかけられた者に対して、「相手は強姦されたと言っているが、本当のところは、どうだったんだ。君が暴力に訴える人間だとは思えないんだ。強姦となると、何年も監獄にぶち込まれるぞ」と持ちかける。そして、「いや、お互いに納得してしたことだ」とか、「合意の上で、金も払った」などという供述を引き出せば、それだけで、未成年者と性交渉を持った罪に関しては起訴できる。日本では相手が一三歳未満の場合、合意であっても強姦罪が適用される。刑法の規定を知らない被疑者から、「無理矢理ではない。合意の上だった」という供述を引き出せば、強姦罪で起訴するための条件は満たされる。

あるいは、初犯と覚しき被疑者に対して、「今までにも同じ犯罪を何度も犯しているにちがいない。それとも初めてなのか」と持ちかけ、「こんなことをしたのは初めてです。魔が差したんです。信じて下さい」などという証言を得れば、犯行を認めたことになる。

詐欺まがいの心理操作

取調べでは、厳しい態度をとる悪役と、同情する素振りを見せる善玉が組みになって芝居する。悪役は若い部下、優しい方は年配の上司が演じる。被疑者の気持ちを察する振りをする上司は柔軟な態度で接し、彼を救ってくれる唯一の頼みだと錯覚させる。信頼状態を生み出し、悪役が突きつける厳しい筋書きの代わりに、信頼できる刑事の言うことを聞く方が得だと思わせる。取調べ用教科書の模範例を挙げよう(Inbau *et al.*, 1986)。

捜査官Aは、理解と思いやりのある態度で取調べ中ずっと被疑者に接する。嘘を繰り返すので残念だと言いながら、Aは取調室を出て行く。次に捜査官Bが入室し、被疑者の態度が不快だと文句を言い、厳しく叱責する。しばらくして捜査官Aがまた戻ってくる。捜査官Bの乱暴な態度を見て、部屋を出て行けとBに命令する。Bは被疑者と同僚捜査官Aの両方に嫌悪の情を露わにして出て行く。Aは最初のように、優しく思いやりのある態度で取調べを続ける。

今すぐに犯行を認めないと情状酌量の可能性がなくなると思わせ、被疑者を焦らせるのも有効だ。安売りセールで期限を設けるように、この機会を逃すと、後ほど考えを変えても信じてもらえないという心理的圧力をかけて、一気に自白に持ってゆく。

被疑者の犯行を共犯者が白状したと見せかけるのも常套手段だ。このままでは首謀者にされる、あるいは自分一人だけの仕業にされるという恐怖や怒りから、自白を始める可能性は高い。仲間に恨みや羨望を抱いている場合は特に有効だ。今すぐに話さないと不利になるという恐怖心を煽るのである。

不安に襲われたり、悲しい出来事に打ちのめされた時など、人間は思いがけない判断をする。取調べでは、そのような状況を人工的に作り出す。自白後に我に返って狼狽しても、調書に書かれた自供はもう消せない。一時的に精神を誘導しておいて自白をいったん引き出せば、それで目的は達成される。自白が得られたら、すぐ調書を作って署名させる。厳しい取調べに苦しみ、その場では罪を認めても、取調室を出て落ち着きを取り戻すと、刑事が言った通り、本当に証拠があるのか、アリバイは否定されたのかと考え直し、否認に転ずる可能性があるからだ。取調べの教科書は言う（Inbau *et al.*, 1986）。

翌朝あるいは数時間後に自白調書を作って署名させればいいと慢心する捜査官のせいで、多くの事件究明が失敗してきた。罪を認めたのに、そんな時間を与えると考えが変わってしまう。〔……〕したがって、絶対に避けられない場合を除いて、時間を無駄にしてはならない。

詐欺の手口と変わらない。しかし、被疑者が犯人だと疑わない捜査官にとっては、真実究明のための方便にすぎない。それに一刻も早く自白させることは結局、当人の将来のためでもある。問題は、このような取調べを受けると、捜査官の言うとおりに無実の人も自白してしまうことだ。

専門家が長年かかって練り上げた取調べ技術の威力は凄まじい。冤罪を生むメカニズムを心理学者は研究するが、取調べ技術を練り上げるのもプロの心理学者だ。以前には拷問で自白を引き出していた。それに代わりうる心理誘導術として開発された以上、有効でなければ意味がない。近代的取調べ術に抵抗し、自白を拒むのは非常に難しい。暴力団員や政治犯が取調べに落ちにくいのは、彼らを支える組織が外部に存在するからだ。普通の人間ではひとたまりもない。

本格的な取調べを開始する前に、仕草や話し方を基に犯人の可能性を分析する。そこで容疑が確実だと判断された者だけが取調べの対象になる建前だ。だからこのような非人道的な心理操作術も認められている。しかし、真実と嘘との分別が実際にはできない以上、第一段階で判断を誤る可能性は否めない。そして、無実の人間がひとたび取調べの対象にされると、冤罪が生ずる危険率は高い。かといって威嚇や暴力を用いず、心理操作も禁ずるならば、自白は引き出せない。犯行を素直に白状する者はまずいない。それに、強制されて自白したからといって、必ず嘘だとは限らない。

暴力と脅迫

冤罪を批判する本を読むと、暴力によって自白を引き出す例がたいてい出てくる。それは日本だけに限らない。一九三〇年ぐらいまで米国では水責めの拷問にかけたり、ゴムホースをムチ代わりにして腹部を殴ったりした(Leo, 2004)。あからさまに暴力がふるわれるケースは最近少なくなったが、まったくないわけではない。警察の筋書き通りに自白するまで、手錠をかけられた被疑者を殴ったり、弾の込められた拳銃を目の前にかざして自白を強要する例が報告されている(Christianson, 2004)。

世界に先駆けて人権宣言を採択し、自由・平等・博愛の理念を掲げるフランスでも同様だ。

一九九六年に起きたイギリス人少女強姦殺人事件で、一人の路上生活者が逮捕された。アリバイがあるにもかかわらず被疑者は勾留され、二日後に自白する。ところが最終的にＤＮＡ鑑定の結果、疑いが晴れる。なぜ偽の自白をしたのか。

私が病気なのを盾に取り、犯行を白状するならば、薬をやると言われた。〔……〕何時間経ったか自分でも判らなくなるほど長い間、手錠をかけられたまま、両足を開いた姿勢で立ちっぱなしにされ、動けなかった。動くたびに殴られた。〔……〕結局、言われた通りに細かいところまで自白した。というか、私自身は何も自白していない。私の自白を実際に作成したのは取調官なのだから(Schwartz, 2002)。

蹴ったり殴ったり床に倒したりという行為は、今でもそれほど珍しくない。手錠をわざときつく締め、自白しないといつまでも激痛が続く状態で取調べることもある。あるテロ被疑者の場合は六〇時間連続して取調べが行われ、その間に与えられた休憩は合計六時間にすぎなかった。このような事情から、拷問禁止条例違反の咎でフランスの警察は、欧州人権裁判所から何度も非難されている(拷問防止欧州委員会報告書 二〇〇一、Hodgson, 2005 による)。

食事や水を満足に与えず、病人に薬を拒否したり、真冬でも毛布を貸さなかったりと、様々な肉体的苦痛を被疑者に加える。フランスの留置場は不潔で有名だ。勾留者に渡される毛布には、小便の臭いが染み付いている。シャワー室の壁にはカビが生え、便器が詰まって悪臭漂う独房に長時間放置されることもある。

フランスの警察で暴力行為を受ける被疑者の割合は五％ぐらいに上るだろうと警察勤務医は証言する。また、取調べ中に何らかの暴力や過度の心理的圧迫が行われると四〇％の検察官が答えている。しかし被疑者が犯人にまちがいないから、真相を明らかにするためには、このようなやり方も正当化されると捜査関係者の多くは考えている(Hodgson, 2005)。

おとなしく質問に答えればよいが、非協力的だと大変な目に遭わせると暗黙の恫喝もなされる。米仏の刑務所では男性受刑者がしばしば強姦被害を受ける(Vasseur, 2000; Zehr, 2005)。雑居房で他の囚人に強姦され、エイズに感染する危険をほのめかされて平気な人間はいない。

日本では刑罰以外にも、世間が制裁を加える傾向が強い。それも当人だけでなく家族まで巻き添えになる。この習慣を悪用して自白を引きだそうとする捜査官がいる。いくつか例を挙げる(東京三弁護士会合同代用監獄調査委員会　一九八四)。

①「妹の会社に聞きにいけば、妹はどうなるかわかるか」「家業をつぶすのはわけないのだ。認めないならやってやるぞ。警察は何んでもできるのだ」

②「子供を学校に行けないようにしてやる。一生住むところがないようにしてやる。病弱な母親を取調べることになる。生涯仕事ができない」とおどされた。

③「世の中には、バカみたいに正義感の強い者がいる。家に火をつけられたり、石を投げられたりする。そういうことが起きてから認めてもおそい。認めないと必ず、こういうことが起きる」などと言われた。「兄弟、義兄が失職したとか、させられる」と言われ、大変不安になった。

④黙っていると家族が村八分にされ、町の商店から何も売ってもらえなくなる。

暴力団から危害を加えられる可能性をほのめかす場合もある。

①「被害者の人を連れてくる。この人は住吉連合の幹部だ。お前の家に連れて行かせる。そうすればお前んちの父母はどうなる。お前の妹は、やくざに連れて行かれて、喫茶店で働かせて、最終的に、売春婦になるんだ」と脅かされた。

②お前が認めないと他の者(実際に関与した人達)が嘘をついたことになるぞ。その中にはヤクザの親父がいて「こんなことを言っている」と伝えて、お前の家にお礼参りに行かせるぞ。

密室に隔離された状態で脅しを受け、それでも沈黙を守れるほど、人間は強くない。

黙秘権の実情

経験を積んだ捜査チームの取調べに、たった一人でいつまでも対抗できる被疑者はほとんどいない。唯一の手段は、最初から黙秘権を行使し、弁護士の立ち会いなしには何も話さないことだ。しかし現実は甘くない。

日本では捜査期間中に弁護士と接見する被疑者の割合は一〇%ほどにすぎない。一九九〇年代に実施された日本弁護士連合会の調査に、黙秘権を行使するよう積極的に勧めたことは一度もないと六〇%以上(回答者一七七二人のうち一〇七一人)の弁護士が答えている(Johnson, 2002)。フランスでも弁護士に接見するのは一割程度だ(Hodgson, 2005)。

民主主義の本家イギリスでは被疑者の権利保護にもっと敏感だが、それでも接見率は高くない(一九八八年一九%、一九九〇年一八%、一九九一年二五%)。重罪だけに限ると、約半数が弁護士の接見を受けるが、それでも弁護士が必ず取調べに立ち会うわけではない。イギリスで弁護士が取調べに臨席した割合は一九八八年で一四%、一九九一年で一三%にすぎなかった(Sanders & Young, 1994)。

米国でも黙秘権を実際に行使する者は非常に少ない。警察に突然連行され、不安に怯える者がほとんどだ。それにもかかわらず、弁護士の接見を望まないのは何故か。

ミランダ警告というルールがある。①あなたは黙秘権を行使できる、②あなたの供述はすべて、公判において不利な証拠として用いられる可能性がある、③あなたは弁護士の立ち会いを求める権利がある、④弁護士を依頼する経済力がなければ、公選弁護士を付けてもらう権利がある、という四つの注意を警察官は逮捕時に必ず述べなければならない。これらの警告を理解した上で、被疑者が黙秘権放棄の意思表示をした後に、初めて取調べを開始できる。

しかし、これは建前にすぎない。捜査官にとって、黙秘権の行使は困る。犯行を決定づける物的証拠が揃う犯罪など、ほとんどないからだ。被疑者から情報を引き出さないと、事件の真相がわからない。取調べの教科書は「まえがき」にこう書く(Inbau *et al.*, 1986)。


小説作家、映画そしてテレビが広めた誤解がある。事件現場を注意深く検証すれば、犯人に結びつく手がかりを捜査官が見つけられるという思い込みだ。そして、犯人が捕まれば進んで自白する、あるいは逃亡を図るから犯人だと判明する、こう思われている。しかし、そんなのはまったくの作り話にすぎない。実際は犯罪捜査の科学と技術はそこまで進んでおらず、物的証拠を見つけて分析しても、犯人がわかるとは限らない。いや、ほとんどどの場合、犯人に至る手がかりは得られず、有罪に必要な法的証拠も見つからない。最も好条件の時でも、物証的糸口がまったくない場合が非常に多い。したがって、犯罪捜査に残された手段は、被疑者の取調べと、関連情報を知る可能性を持つ他の人間の取調べだけだ。〔……〕だから、日常的感覚からすれば「非倫理的」な心理戦術と技術を駆使する必要に迫られるのである。

黙秘権を行使されると捜査が行き詰まってしまう。だから、黙秘権を放棄させる訓練を捜査官は受ける。例えば、ミランダ警告を単なるおざなりの手続きのように読んで聞かせた後、すぐに取調べを開始する。警告を被疑者が理解したかどうか、弁護士立ち会いの権利および黙秘権を放棄するかの確認を取らずに取調べに入るのである。その時、「いや、私は黙秘権を行使する」と主張する者は、マフィアのような犯罪のプロや確信的政治犯を除けば多くない。

それでも黙秘したり、弁護士立ち会いを要求したりする者に対しては心理戦を展開する。何もやましくなければ、弁護士は要らないはずだ。質問に正直に答えて捜査に協力せよ。そうすれば早く帰宅できる。それなのに捜査の邪魔をするのは何故か。何か隠し立てしているに違いない。本当に無実ならば、権利など忘れて捜査を進める方が道理にかなっている。こう説得するのである。そのためには、ミランダ警告が保障する権利を放棄させるまでは被疑者に優しく接して、本当のことを言えば捜査官は必ず信じてくれると期待させる必要がある。放棄させた後、捜査官は手のひらを返したように態度を変え、本格的な取調べを開始する。

イギリスの事情も変わらない(Sanders & Young, 1994)。弁護士に会う権利について、警察官はわざとわかりにくい説明をしたり、他の場所に移送されるから、その後で弁護士に会えばいいと言う。そのうちに弁護士が来るから、被疑者は何もしなくてもよいなどと誤った情報を与えて、弁護士との接見を妨げることもある。弁護士に会いたいと被疑者が希望しても、警察がその旨を弁護士に伝えなかったり、連絡を遅らせて、弁護士到着前に取調べを済ませる手もある。弁護士が着いた時には、被疑者が他の場所に移送されていて、取調べに立ち会えないようにする作戦も採られる。調査によると、弁護士に会う権利を理解する被疑者は全体の四〇%ほどにすぎない。弁護士が電話で権利を説明するだけの場合も多い。黙秘権を行使すべきだと電話で教えられても、捜査官の圧倒的な力の前に沈黙を守れる人間はまずいない。

それに、弁護士が取調べに立ち会っても、実際にはあまり役に立たない。イギリスにおける一八二件の取調べを検討した研究によると、弁護士が何も助言しなかったケースは全体の三分の二に上った。逆に捜査官の側に立って取調べに加わったケースが八・八%あり、被疑者の利益を守る弁護士は七・七%にすぎなかった。

嘘でも自白は致命的

嘘でもいったん自供すると、後の段階で覆すのはほとんど不可能だ。自白があると、有罪率が格段に高まる。公判で否認に転じても、被疑者を信ずる者はほとんどいない。自白調書の朗読直後、自発性に疑いがあるので証拠として採用してはいけないと明言しても、有罪率はほとんど低下しない(Leo, 2008)。

模擬裁判の実験を参照しよう。殺人事件の公判記録を被験者に読んでもらい、次の三つの実験条件を比較した。①被疑者は、取調べ中ずっと手錠をかけられたまま警官から罵倒され、拳銃で脅された後に自白した。②暴力的手段が用いられないのに、すぐに自白した。③犯罪への関与を最後まで否認した。被験者はこれら記録のどれか一つだけを読まされる。条件②で最も有罪率が高いのは当然だ。問題は、①(暴力的取調べ)において、自白の強制性を被験者が明確に意識するにもかかわらず、自供のない③よりも高い有罪率になる事実だ(Lassiter & Geers, 2004)。

自白調書は一人称で書かれる。しかし実際には、捜査官が作成した後で被疑者が署名するだけだ。犯罪仮説を傍証するために捜査官が書く作文なので、どのような暗示や誘導があったかは、自白調書を読んでも判明しない。

自供の自発性を強調するために、文字のまちがいや、あからさまなミスを調書にわざと混ぜておいて、被疑者自身に訂正させろと、取調べの教科書は勧める(Inbau *et al.*, 1986)。そうすれば、自白調書の内容を確認した上で署名した印象がより強くなる。

自白調書各頁の一カ所か二カ所で、人名や通りの名前をわざと書き違えるのは良いやり方だ。後で被疑者に調書を読ませる時に、それらの箇所を修正させる。もちろん修正は被疑者自身に手書きでさせ、その余白に署名かイニシャルを書かせなければならない。このような修正があれば、署名する前に調書を読まなかったなどと公判の際に主張できないからだ。

物的証拠がない場合は、自白調書の印象がより重要だ。文章が上手か下手かで信憑性やリアリティが大きく異なる。調書はたいてい何度も書き直されるが、弁護士や裁判官が目にするのは、推敲を経た最終版のみだ。犯人にしか知り得ない事実が強調されるとともに、真犯人ならばあり得ない供述内容は、推敲の段階で削られる。日本で検察官の調書作成現場を観察した研究者は述べる(Johnson, 2002)。

調書作りで広範に見られる問題は、あからさまな捏造よりも証拠の恣意的選択だ。〔……〕

エッセイ作家と同様、検察官はまず下書きをする。自白調書の読者、すなわち裁判官と弁護士はエッセイの最終版しか知らされない。曖昧な点、整合性に欠ける情報、矛盾する部分など、疑いの残る内容は彼らに届かない。検察官がこれらを削除してしまうからだ。推敲の現場に私は何度も立ち会った。〔……〕例えばメタンフェタミン販売事件で、検察官が調書を六回書き直したこともある。裁判官も弁護士も、この事実をまったく知らない。密売人網・利益分配構造・覚醒剤入手経路および販売先などに関して、数え切れないほどの矛盾が下書きには含まれていた。〔……〕被疑者の無罪につながる証拠を意図的に隠す行為はそれほど頻繁でない。しかし、事件経緯の見込みや予断に合致するように、検察官は情報の排除や追加を無意識のうちに行っている。

検察官の作文を読んで裁判官は、「自白はきわめて詳細で臨場感に富み、十分信頼できる」などと判定を下す。犯罪の実態とは別に、調書を作成する検事の文章力によって被告人の運命が左右される。

捜査官が決める自白内容

犯人にしか知り得ない犯行の詳細が自供に含まれていると、有罪の決め手になる。しかし被疑者が無実ならば、何故そんなことが起こるのか。答えは簡単だ。捜査過程で警察官や検事が情報を暗示するからだ。むろん、そのような誘導は禁じられている。事実が明るみに出れば、自白は無効になる。しかし実際には頻繁に誘導が行われている。足利冤罪事件の例を取ろう（『読売新聞』二〇〇九年一〇月一〇日朝刊）。

捜査員の「ヒント」で、菅家さんが「自白」に導かれる様子が記録されていた。〔……〕テープでは、捜査員が「犯行はいつやったの」と尋ね、菅家さんは二度、「仕事が終わってから」と答えた。すると、捜査員は「昼のこと考えてくれ。昼なら明るかんべ。夜だと暗くなるだろ」とたたみかけた。菅家さんは「じゃあ、夜です」と答え、かみ合わないやり取りとなった。

捜査員は次に、遺体を運んだ手段について質問。菅家さんが「自転車にひもで縛った」と答えたが、捜査員に「それ、落ちるだろう」などと指摘され、「ビニールの袋（に入れた）」と供述を変えた。さらに菅家さんが「袋を持ってきた」と話すと、捜査員は「透き通っていないものだな」と質問。菅家さんは「ええ、黒いものです」と答えた。テープはいったん途切れ、録音再開後に、捜査員が再び「（遺体を）何に入れたの」と尋ねた。すると、菅家さんは「うーん、リュックですか」と聞き返し、捜査員が「うん、リュック」と答えた。

犯行の「真相」をすでに捜査官が知っており、それを被疑者に暗示しながら自白調書を作成する。よくある取調べ風景だ。いっそのこと最初から、捜査官が用意した作文を被疑者に示し、「これが事実だ」と署名させたらどうか。取調べ時間も短縮できるし、捜査官のヒントを基に「正解」を想像する苦しみがなくなり、冤罪被害者としても楽なはずだ。何故そうしないのか。

そんな事実が公になれば、自供が無効になるという理由だけではない。警察での自供内容を検察でも繰り返せるように、自白の最終バージョンを決めておく必要があるからだ。一九七七年の足立暴走族事件の逮捕者はこう述べる(東京三弁護士会合同代用監獄調査委員会 一九八四。ひらがなの一部を漢字に変えた)。

僕の場合は、すでに共犯者がそのような自白調書が作られているという過程もあって、刑事は丸暗記しているわけですね。それをいざ自白調書を書く段階になると、もっとも自分で書けはしないのですが、ぼくはふて腐れて「知らないから、勝手に書いてくれ」といったら、「そうはいかないんだ」と。ここには大きな意図があるんですけれども、なぜ勝手に書かないかというと、向こうが作った調書だと、被疑者は何が語られているのか知らないわけなんですね。そうすると、検察庁へいって、検事の目の前で自白ができないわけなんです。そのためには、刑事と被疑者が一緒になって作らなければいけないということで、ぼくは早く出たいために刑事に迎合して、調書を合わせるんですけれども、知らないからやはりしゃべれないいんですね。そうすると教えてくれるんですね。〔……〕だから刑事が出すヒントがいかにも僕がもっともらしく言った自白調書に変わってしまうのですね。そういうようなことで、だんだん調書ができていくわけですが、そうするとやってもいないけれども、知らない間に暗記させられてしまうんですね。ですから検察庁に行っても、同じようなことが言える。

調書作成のために警察官が「正答」を示唆するのは、どの国でもほとんど変わらない。もちろん英米やフランスでも禁じられている。しかし密室で行われる取調べ中に、法規が完全に守られると思う方がおかしい。英米では、取調べに弁護士が立ち会う権利が認められている。しかしすでに確認したように、実際に弁護士が取調べに臨席する割合は低い。

忘れてはいけない。捜査官にとっては、被疑者が犯人にまちがいないのである。無実の人間を犯人に仕立て上げるという意識はない。だからこそ、問題が深刻なのだ。

フランスの取調べ

フランスでは取調べの録画・録音もしないし、捜査官が欲しい自供内容以外は書面に一切残されない。一時間の取調べの結果、自白調書に記されるのはわずか一頁にも満たない二五〇語程度だ。自白内容の要旨しか記載されないので、取調べの口調も不明だし、どのような雰囲気の下で自供したのかもわからない。これでは、自発的に自白したのか無理強いなのか判断できない。

取調べに立ち会った研究者の報告によると、被疑者は白紙に署名を求められ、捜査官が後に供述を書き込む場合もあるという。自白調書に署名を求められ、被疑者が内容を確認しようとすると捜査官は邪魔をする。弁護士立ち会いを求めても聞き入れられない。会話の一部を再録しよう(Hodgson, 2005)。

捜査官　さあ、ここと裏に署名しろ。(被疑者が自白調書を読み始める)　そんなことしなくてもいい。すでに俺が読んだから大丈夫だ。

捜査官　弁護士なんて要らないだろう。二〇時間以内に釈放されるんだ。さあ、署名しろ。(被疑者が調書を読み始める)　わからない奴だなあ。そんなこと、どうでもいいだろ。

被疑者　でも、私は法律を勉強したので……。

捜査官　署名して俺たちに協力すれば、家族や弁護士それに医者にも会えるんだ。そうしないと、お前の立場は悪くなるぞ。検察官も裁判官もいい顔をしない。お前にとって、いいことはないぞ。

捜査官　それでも弁護士が要るのか。

被疑者　うーん。

捜査官　弁護士が立ち会えるのは二〇時間経ってからだ。それまでお前がここにいるかどうかもわからん。だから弁護士は要らないじゃないか。どちらにしても弁護士は資料に目を通せない。だから、呼んでも役に立たないよ。弁護士に許されるのは、勾留状態に問題がないか確認するだけだ。書類の閲覧はできない。それに書類を後で検討するのは他の弁護士だ。だから意味ない。俺はいいけど、それでも弁護士を呼ぶのかい。

被疑者　わかりました。じゃあ、弁護士は要りません。

以上、取調べの実態を検討してきた。これを英米仏だけの事情だと考えてはいけない。どの国でも取調べは非常に厳しいのであり、またそうでなければ犯人は白状しない。捜査は密室で行われる。違法な取り調べが少々あっても、被疑者は泣き寝入りするより仕方ないのが実情だ。
警察や検察に怒りを感ずる気持ちはわかる。しかし犯罪を憎み、被害者の無念を晴らそうという取調官の気持ちを見落とすと問題の核心を見失う。様々な手段を通して、時には違法な方法をも講じて警察は自白を得ようとする。しかしそこに取調官の真摯な態度を読み取らないと、冤罪を生む仕組みの本当の深刻さと恐ろしさは摑めない。

司法取引の罠

アメリカ合衆国の刑事裁判では、被告人が罪状を認めたり、共犯者を告発する代償として、刑の軽減を検察が認める。これを司法取引(plea bargain)という。犯罪が多い国ではすべての犯罪を裁判で処理できない。陪審制度を採る英米では特にそうだ。司法取引のおかげで、裁判にかかる膨大な時間と費用が節約できる。すでに述べたように、被告人が罪状を否認して、陪審裁判が行われる割合は五%ぐらいしかない。

英国(イングランドとウェールズ)の状況も似ている。二〇〇四年の数字を見ると、重罪で告訴された被告人の五三%が罪状認否(arraignment)の時点で有罪を認めている(Home Office Statistical Bulletin, 2005)。米国の規定と異なり、英国では司法取引による減刑が許されない。しかし実際には、間接的な形ながら、しばしば駆け引きが行われる(Baldwin & McConville, 1977)。

このような制度は冤罪を起こしやすい。特に、死刑が宣告されるだろうと示唆されると、最悪の事態を避けるために、無実の人間でも罪を認めて、無期懲役の提案を受け入れる可能性が高い。被害者や目撃者が一致して自分を犯人だと証言した。捜査官も頭から犯人扱いをして、こちらの言い分を聞いてくれない。さらに悪いことに犯行時間のアリバイを証明できない。こんな状況で、罪状を認めさえすれば死刑にしないと検察官から言われると、絶望の淵にある被疑者は簡単に落とされてしまう。

司法取引制度のない日本でも同様の駆け引きがなされる。日本では検察の自由裁量権が大きい。罪を認めて改心すれば、刑は軽くなると言う。これは実質的な司法取引だ。冤罪者三〇人に対して東京三弁護士会合同代用監獄調査委員会(一九八四)が実施した調査によると、「認めないなら重い罪にしてやると言われた」(一二五人)、「認めないと家族などに迷惑が及ぶと言われた」(一二三人)など、脅されたという回答者が全体の八割を占める。また、「ここで認めて裁判で否認すればよい」(一一三人)、「認めてもたいしたことない」(一六人)と言われたり、捜査官の思い通り自白すれば「早く出られる」(二四人)、「軽くすむ」(八人)、「情状がよくなる」(四人)、「執行猶予になる」(四人)という誘導もなされている。

法律が定める刑罰以上に、世間の厳しい制裁にさらされる性犯罪の場合には、このような脅迫・誘導が特に有効だ。痴漢の例を取ろう。「会社にも言わないし、家族には何とでも言い訳できるだろう？　五万円ですむことだし……　もし今、自供したら三万円になるよう意見書つけてあげるから、よく考えてね」（鈴木 二〇〇二）、「明日の検察の取り調べにも行かなくていいから。すぐに釈放するよ。〔痴漢をする〕気持ちがあったんならね。罰金も、三万円でいいからさ。略式起訴にしておくから、交通違反でもしたと思って、認めちゃえば？〔女性に〕くっついていたって、それだけ言ってくれればいいんだから。家族にも会社にもわからないように、終わらせるからさ」（池上 二〇〇〇）などと、脅しを背景にした誘惑がなされる。

実際、否認する場合は、長い勾留に加え、マスコミによる糾弾、家族に対する周辺住民の冷たい視線、離婚や家族との別離、解雇などという一連の仕打ちを覚悟しなければならない。最終的に無実が証明されても、それまでにこうむった被害は取り返しがつかない。取調官が投げかける誘惑の罠にはまるのも当然だ。

圧力をかけるのは刑事や検察官だけでない。無罪判決が得難いと判断すると、罪を認めるように弁護士もしばしば説得にまわる。否認を続ける場合、どのような刑を受けるかの予想とともに、罪状を認めれば、情状酌量されて減刑されるという情報を与えることは弁護士の義務だ。客観的情報を与えて、最終的に被疑者自身に判断させること自体は理不尽でない。すでに確認したように、黙秘権行使を被疑者に勧めない弁護士の割合は六割に上る。第一審で無罪を勝ち取っても、検察に上訴されれば、裁判はその後も長く続く。やっと冤罪が認められた頃にはすでに人生が台無しになっている場合もある。当人の利益のためだと思い、抵抗の無駄を諭す弁護士の気持ちは理解できる。しかしそれによって、無実の人間が冤罪に落ちる心理的圧力になるのも事実だ。

3　記憶という物語

目撃証言神話

目撃証言は、想像以上に正確さを欠く。米国で一九八九年から二〇〇七年までに冤罪が晴れた元死刑囚のうち、最初の二〇〇人を対象に冤罪原因を検証した研究によると、七九％（一五八人）において目撃証言があった（Garrett, 2008）。つまり、死刑冤罪者の八割近くが真犯人と取り違えられたのである。

痴漢を例に取ろう。満員電車で背後から痴漢に遭う時、被害者は犯人の顔を見ていない場合が多い。すると被害者は犯人を風貌から直感で判断しやすい。自分の嫌いなタイプの男性と眼があうと、その男性を犯人だと無意識に思い込む。あるいは陰気そうで不潔感を与える男性が近くにいれば、それだけでその男性を加害者だと信じる傾向がある（小口　二〇〇二）。しかし、認知心理学や社会心理学が証明するように、このような直感はまったく当てにならない。

被害者・目撃者の確信度と、その信憑性は比例すると普通は考える。はっきりと犯人を見たと思えば、自分の判断が正しいと確信するのは当然だ。米国の研究によると、陪審員の五六%、学生の七五%、警察官の七六%、裁判官の七五%、弁護士の四〇%が、この常識通りの回答をした。弁護士の数値だけ他より低いのは職業柄、目撃者がしばしば誤ると知っているからだろう(Bertone *et al.*, 1995)。

しかし実を言うと、このような確信はほとんど当てにならない。被験者を実験室に呼んでおき、盗難などの犯罪行為を「偶然」目撃させる。その後、数人を見比べて犯人を識別させ、判断の確信度を答えてもらう。結果を見ると、絶対にまちがいないと確信するか、判断にあまり自信がないと答えるかは、証言内容の正確さとあまり関係がない。つまり、実際に犯人を見ていなくとも、絶対にこの人間が犯人だと確信する場合もあれば、逆に、多分そうだと思うが誤りかもしれないという曖昧な印象でも、その記憶が正しい場合もある。

自宅で暴行された女性の例をみよう。顔をよく覚えていたおかげで、すぐに犯人が逮捕された。しかし彼には完璧なアリバイがあった。犯行時刻にテレビの生放送でインタビューを受けていたのだ。実は女性は、その番組を見ている最中に暴行を受けたのだが、気が動転していたため、テレビに映った彼を犯人と取り違えたのだった(Schacter, 2001)。

こんな実験もある。若い女性が強盗に遭う犯行場面が、ニューヨークの報道番組で一二秒間にわたって映し出された。ハンドバッグを奪った犯人はカメラの方向に逃走し、顔がはっきりと捉えられた。その後、六人の男性がラインナップされ、犯人を識別するよう視聴者に求めた。六人の中に犯人がいればその番号を、含まれていなければその旨を答えるよう指示したところ、合計二一四五人から回答が寄せられた。「強盗」は二番目の位置にいたのだが、正答者は全体の一四・一％（三〇二人）にすぎなかった。

六人に加えて、「犯人は含まれない」という選択肢もあるので、合計七つの可能性がある。当てずっぽうで答えても一四・三％の正答率だ。つまり、はっきりと、しかもテレビの前で落ち着いて犯人を目撃しても、偶然で当たる確率と変わらない。ラインナップの中に犯人がいないという回答は二五％、誤って他の人間を犯人と断定した回答総数はおよそ六〇％に上った（Loftus, 1979）。

このような実験で視聴者に呼びかける場合、自分の答えに自信がなければ、わざわざ回答しない傾向が強い。したがって回答を寄せた者の多くは、自分の記憶が確かだと思っているはずだ。それでも、この数字である。また、この例では一般市民が調査対象だが、判事と弁護士に対して実験をしても、結果は変わらない（Scheck *et al.*, 2003）。

被疑者一人だけ見せて、この人間が犯人かと尋ねたり、取調べ中に犯人確認させると誘導になるので、犯人識別は数名のラインナップで行わなければならない。しかしそれでも、そこに真犯人が含まれない場合は、犯人に一番似ている他の人間が選ばれる可能性が高い。

それから、犯人識別は警察官や検察官ではなく、捜査機関に属さない中立な人間が行う必要がある。また、識別に携わる者は、誰が被疑者であるかを知っていてはならない。目撃者を無意識に誘導するからだ。新しい医薬品の認可を得る際には二重盲検法(ダブル・ブラインド・テスト)をする。本当の薬なのかプラシーボ(生理的食塩水・ラクトースなどの偽薬)なのかを患者が知らなくとも、投与する医師や看護士が知っていれば、無意識に情報を与え、患者の生理的反応に違いが出るからだ。取調官の先入観が目撃者を誘導するプロセスも同じだ。

証言を引き出す質問の仕方も問題になる(Loftus, 1979)。自動車事故があり、車の速度を目撃者に尋ねるとしよう。「激突(smash)時の車の速度はどのぐらいでしたか」と聞くか、単に「衝突(hit)時の車の速度はどのぐらいでしたか」と質問するかで、目撃者の答えは左右される。高速を示唆する「激突」という表現を使用すると、より速い数値を答えるだけでなく、ガラスが割れて飛び散ったなどと、事実と相違する内容も記憶に付け加えられやすい。「激突」と聞いた被験者五〇人のうち一六人(三二%)は、割れたガラスを見たと答えたが、「衝突」の場合に同じ解答をした被験者は五〇人のうち七人(一四%)にすぎなかった。

自動車事故の録画を見せ、実際には出てこない現場を見たと錯覚させることもできる。納屋は登場しないのだが、「田舎道を行く白いスポーツカーが納屋の前を通過した時、スピードはどのぐらいでしたか」と聞くと、納屋を見たと後ほど証言する被験者は一七％に上った。しかし誘導せず、「田舎道を行く白いスポーツカーのスピードはどのぐらいでしたか」と質問する場合は、納屋を見たと答える者は三％に留まった。

自白とともに、目撃証言は決定的影響を判決に与える。次の実験を参考にしよう。食料品店に強盗が入り、店主と娘が殺されたという物語を被験者に示す。三つの実験条件を比較した。①状況証拠だけの場合は、被験者の一八％が有罪を認めた。②状況証拠に加えて、他の店員が殺害現場を目撃したと伝えると、七二％が有罪判断をした。③状況証拠と目撃証言を伝えた後に、しかし目撃者は近視であり、犯行時に眼鏡をしていなかったため、よく見えなかったはずだと補足説明した場合でも、被験者の六八％は有罪だと判断した。目撃証言の影響力はとても強い。②と③にほとんど違いがないように、目撃者があるといったん信じると、その後に証言の信憑性が否定されても、判断は容易に変わらない。

目撃記憶の再構成

記憶の曖昧さを理解するために、米国ウェスト・ヴァージニア州で生じた事件の例を引こう(Castelle & Loftus, 2005)。ウィリアム・ハリスは将来を約束された優秀な学生だった。しかし一九八四年一二月のある日、強姦事件の犯人として警察に目をつけられる。犯行は夜間に屋外で起きた。女性は背後から襲われ、犯人の顔は一瞬見ただけだった。事件後、女性は病院で検査を受け、犯人の精液が警察の鑑識に回される。血液型（当時はＤＮＡ鑑定ができなかった）がハリスに合致するという結果が出た。

最初、被害者は犯人について曖昧な記憶しかなかった。しかし公判での証言では一転し、確信を持って犯人を指摘する。こうしてハリスは一九八七年に有罪判決を受け、二〇年の懲役に処せられた。ところが一九九三年に入ると彼の運命が急変する。別件をきっかけに、担当鑑識官の鑑定書捏造が発覚したのだ。この結果、ＤＮＡ鑑定が実施され、ハリスの無実が判明する。

なぜハリスが犯人だと被害者は確信したのか。実は後ほど明るみに出たのだが、彼女はハリスの顔見知りであり、彼が犯人ではないと最初の証言で答えていた。しかしこの重要証拠は裁判所に提出されず、検察によって一〇年間隠蔽されていた。この隠蔽自体が問題だが、我々の問題意識にとってより重要なのは、被害者の記憶が簡単に歪曲される事実だ。警察署で最初に行われた犯人識別の様子を記そう。

うーん、ちょっとわかりません。〔……〕二人のうち、どちらかだと思うのですが、よくわかりません。〔……〕二人のうちの一人です。〔……〕でも、やはりわかりません。（面通しを続けて三〇分経過）うーん、やはりわかりません。二番目の男ですか。

しかし数カ月後、公判での証言はまったく違う内容に変わる。「二番目の男性だったという あなたの証言は確かですか。何となくそんな感じがしただけではないですか」という質問に対して、「いや、まったく疑いありません。確信を持って断言できます」と被害者は答えるのだ。取り調べの時点では三〇分かかっても犯人識別に自信がなかったのに、数カ月たって裁判所に証人として出廷する時には一分の疑いもない確信に変わっている。

記憶の性質を理解するために、この事例を時間経過に沿って詳しくみよう。「ハリスは犯人でない」という確信が、「ハリスが犯人にまちがいない」という逆の確信に変化した過程は次の九段階に分けられる。

① **一九八四年一二月一六日に行われた最初の証言**　犯人は二〇歳ぐらいで身長五フィート七インチ(一七四センチ)だと被害女性は述べたが、ハリスは一七歳で身長六フィート(一八三センチ)だ。九センチの身長差は大きい。中背と大男の違いだ。

② **被害者供述が記録された数日後**　犯人は運動着姿であり、短いアフロ・ヘアーだったと被害者は証言した。しかしハリスは犯行時間帯にスポーツウェアを着用していなかったし、そのような髪型にしたこともなかった。

③ **一九八五年三月、最初の証言から三カ月後に警察が再び尋ねた時**　ハリスを含む数人の写真を被害者に示し、犯人がいるか尋ねた。「一九八五年三月四日時点で、ハリスは被疑者リストから除外された。ハリスとは知り合いであり、犯人ではないと被害者が断言した」と警察の報告書に記されている。

④ **同月末**　ハリスはスポーツ競技で賞を取り、彼の写真がテレビや新聞に出た。被害者はハリスの写真を何度も見たようだが、その当時は特に気に留めなかった。

⑤ **六月**　警察はハリスの卒業アルバムを持ち出し、名前を隠して写真を見せたところ、捜査開始して初めて、被害者はハリスを犯人だと認める。

⑥ **七月二五日**　ハリスを逮捕し、合計五名のラインナップを被害者に見せたところ、彼が犯人だと断定する。

⑦ 一〇**月三〇日**　ハリスの血液サンプルと犯人の精液とが照合され、両者が一致するとの結論を警察鑑識課が出す。鑑識結果は捜査員と被害者に伝えられる。

⑧ **約二カ月後**　公判前準備手続きの際、ハリスが強姦犯だと被害者が証言する。

⑨ **公判**　犯人を認定した時の様子を被害者はこう証言する。

被害者　犯人は真中の男でした。

検事　どうして彼が犯人だと判ったのですか。

被害者　彼の顔を見てすぐに判ったんです。どうしてかわかりませんが、私は泣き出してしまいました。理由はわかりませんが、私、ヒステリーのように泣き出したんです。

検事　どうして、そのような状態になったと思いますか。

被害者　彼にされたことを思い出したからだと思います。

検事　彼が本当に犯人なのかどうか疑いは持ちませんでしたか。

被害者　いいえ。

「女性にはまったく疑いがありませんでした。私が今までに経験した中で最も劇的な犯人識別の瞬間でした」と担当警察官も証言した。

被害者は犯人が憎い。最初は目撃記憶に自信がなくとも、警察から示唆されると、しだいに記憶が再構成される。犯人だと判明したと聞いたり、公判前に検察によって何度も証言の練習をさせられると、さらに確信度が高まることも知られている。

ウィリアム・ハリスは一九九四年七月まで、つまり七年間にわたって監獄につながれた。釈放後になされた民事裁判の結果、州に支払いが命じられた慰謝料は一八八万ドルに上った。

誤審への相互作用

ところで考えてみよう。ハリスが無実なら、他の証拠と照らし合わせた時に齟齬が判明したはずではないか。身長・体型・髪型・年齢などに違いが出るだろうし、犯行時に犯人と同じ服を着ていた可能性も低い。犯行現場に残された指紋は一致しないし、ハリスは他の場所にいたはずだ。自白内容にも犯罪仮説と齟齬する部分が必ずあるだろう。なぜ誰も矛盾に気づかないのか。

それは、いったん犯罪仮説ができあがると、合致しない要素は無視され、あるいは合致するように歪曲解釈されるからだ。ハリスの冤罪例では、血液鑑定の捏造事実が明らかになった後にも、弁護側のＤＮＡ鑑定要請を検察は無視し続け、ハリスを刑務所に閉じ込めたままだった。その言い分は、血液鑑定だけが否定されたのであり、他の証拠はすべてハリスの有罪を示しているというものだった。

しかし他の証拠に対する解釈は、偽の鑑定結果と無縁ではありえない。鑑定偽造の事実がもっと早い時点で明るみに出たとしよう。あるいは、ハリスが犯人だとする鑑定結果が被害者や捜査官に伝えられなかったと仮定しよう。被害者は最初、ハリスは知人であり、身長も犯人より高く、別人だと証言していた。その証言が時間とともに変遷した経緯はすでに見たが、偽の血液鑑定がなければ、記憶のこれほど劇的な変容は起きなかっただろう。鑑定結果がシロと出ていれば、捜査官は他の状況資料を解釈し直しただろうし、ハリスの無実の叫びにもっと耳を傾けたにちがいない。厳しい取調べの下で彼はついに「自白」した。本当に無実ならば自白するはずがないと信じる裁判官や陪審員は、公判でハリスが自供を翻しても信用しなかった。一つの誤りが他の材料の解釈を変え、冤罪を作り出してしまうのである。

捜査の初期段階で作り上げられた犯罪仮説を、警察官や検察官は信じ続ける傾向がある。こいつが犯人に違いないと思い込むと、自白を得るために捜査官は全力を挙げる。公平中立に被疑者の言い分を聞いてなどいられない。精神的に痛めつけなければ自白しないからだ。仮説に合致する証拠や手がかりに注目する一方で、それに反するデータは軽視あるいは無視される。犯人にしか知りえないと思われる情報は漏らさず記録するが、供述の矛盾はあまり気にならない。

鑑識結果も犯罪仮説に左右される。科学分析といえども、明白な結果が必ず出るとは限らない。データが曖昧な場合は、仮説に合致する方向に歪曲されて解釈されやすい。

以上の歪曲プロセスは、捜査に限らず、人間の情報処理に共通する基本原理だ。我々は夥しい量の情報を外界から受けとる。絶え間なく入ってくる情報を範疇化・単純化して解釈・整理しなければ混乱してしまう。だから、先入観に応じて情報処理にバイアスがかかるのは避けられない。

蓄積された記憶はそのまま維持されるのではない。新情報との接触を通して常に再解釈され、更新される。多くの場合、我々は幼少時の出来事を実際には覚えていない。しかし、親から同じ話を何度も聞かされるうちに、あたかもその情景を幼児の頃から覚えていたような錯覚ができあがる。先にみたハリス冤罪事件で、被害者の目撃証言が劇的に変化したのも同じ仕組みだ。

記憶は時間とともに再編成される。だから、最も新しく更新された記憶内容が一番強い現実感を伴う。そのため、ハリスは犯人でないと断言した事実を被害者女性は忘れ、犯人にまちがいないと初めから確信していたのだと、後になって思い込む。捜査段階で何度も面通しをさせられたり、ハリスの写真を見る過程で、無意識のうちに記憶が捏造されていく。記憶の確信度が目撃内容の正確さとあまり関係ない理由は、こうした認知プロセスにより記憶が再構成されるからだ。

これは目撃者だけでなく、警察官や検察官にも当てはまる。被疑者を犯人だと信じ、証拠を積み上げる期間が長ければ長いほど、犯罪仮説の確信度が高まる。また、最初の勘が当たったと錯覚しやすい。こうして、他の犯罪仮説をまともに取り上げる可能性が低くなる。しかしこれは人間すべてに共通する基礎的認知プロセスだから、職業訓練を施しても防止は難しい。人間の能力を過信してはいけない。

それに加え、重大な犯罪では被害関係者やマスメディアからの圧力が強い。警察官や検察官は威信にかけて迅速な犯罪解明に努める。しかし、このような心理的圧迫がバイアスを加速させる。特に凶悪犯罪の場合、捜査官も感情的になりやすい。悪を憎み、被害者に感情移入する。するとさらに認知バイアスの虜になり、冤罪を生む危険が増加する。人間の判断は、ある方向にいったん動き出すと簡単には途中で変更できない。捜査官は必死だ。犯罪仮説に拘泥するなと言う方が無理だ。こうして捜査方法・範囲が限定され、冤罪者の無実を晴らす可能性が次第に閉ざされていく。

被疑者の記憶捏造

無実の者が自分の記憶を捏造する場合もある。兵庫県の知的障害者施設で起こった溺死体事件をみよう(浜田 二〇〇一)。逮捕から四半世紀後に無実が晴れた、いわゆる甲山事件だ。逮捕時に素っ裸で検査された後、地下の独房に入れられ、昼も夜もわからなく、被告女性は時間の観念を失う。排泄時も監視下におかれて羞恥や不安が続くうちに、考える能力が麻痺する。そんな精神状態の中、アリバイがないと捜査官から責められ、当日の行動を分刻みで説明するよう求められる。しかし記憶の間隙は埋められない。思い出そうとして努力するうちに、自分の記憶に自信をなくす。逮捕一週間後には、自分の記憶よりも他人の言葉を信じるようになる。

この一五分間ぐらいの間の記憶はどうしても思い出せないのです。その時間ごろ、ちょうどS君が連れ出されたころになりますが、いろいろのことを考えると、私が無意識のあいだにS君を殺してしまったような気がいたします。

子どもたちは清純で天真爛漫です。嘘をいうとは思いません。私がS君を連れ出したのを見ている子どもがあれば、それは本当のことだと思います。

「やっておきながら自分で気づいていないのかもしれない」と捜査官は説き、彼女の母が健忘症だったので、その血を引いていると持ちかける。そしてついに、「私になんとか思い出させて下さい」と被疑者が捜査官に頼むという逆立ちした構図が現れる。こうして捜査官の示唆通りに記憶の細部ができあがっていく。

一九七一年の土田・日石・ピース缶爆弾事件で逮捕された被疑者の様子も記そう(東京三弁護士会合同代用監獄調査委員会　一九八四)。

取調べの最中は頭が混乱していても「俺は関係ない」という点はある程度まであったのですね。だけどもいろいろな諸状況が錯綜してくると、自分でそれ以前の記憶の構造がまるきりわからなくなってしまうということです。記憶が作られてしまうということですね。

彼等に「誰それがこう言った」とか、「お前はこうだ」と言われ続ける。そうすると自分でも合理的に納得のできる記憶というのがあるわけですが、その記憶に結びつく過程の記憶が作られていくということが一つあるわけです。そういうことが重なっていくと、どこまでが自分の記憶でもって、どこまでが新たに作られたというか、結果的には作られていくわけですから、そういう記憶がどこまでなのか判然としなくなっちゃうわけです。それで自分が信用できなくなっちゃうのですね。ただ、何かわからない。ただ、ストーリーだけは合理的に組み上げられていって、そのストーリーであっても不思議でないというような気になってしまう。

このような場面は日本だけでなく、どの国の捜査でも生じている。米国の例を出そう(Wells & Leo, 2008)。

捜査官は証拠になりそうな情報を集める一方で、被疑者の否認は聞き入れない。犯人なのは絶対にまちがいない、アリバイは事実に合わない、やったのに記憶を失っているだけだと誘導する。〔……〕自分が犯人なのか被疑者自身にもわからなくなる。記憶に自信を失って、ついに自白し始める。〔……〕絶望の淵に立たされ、事件の真相を想像し、捏造する。

自分が罪をなしたのか無実なのかわからなくなる。だから、「たぶん自分がやったのだろう」などと表現するのである。
日本の冤罪事件と同じ記憶捏造プロセスだ。

4　有罪への自動運動

捜査活動の集団性

警察官・検察官・裁判官の誤判断や違法行為を糾弾するだけでは冤罪問題の本質を見失う。犯罪捜査から判決に至るまでの一連の過程は一人の個人に任されるのではない。多くの人々が関わって機能する、組織の力学が紡ぎ出す集団行為だ。したがって、そこに携わる人々の行為を個々に検討しても冤罪の全体像は見えない。

工場や交通機関で事故が起きると、操作ミスなど人的原因によるのか、機器や設備の構造的欠陥が原因なのかと問われる。しかしこの発想がすでに誤りだ。車の運転でも、工場や医療現場でも、また鉄道や航空機の運行でも、人間は頻繁にミスをする。事故を生む他の条件が満たされないおかげで普段は問題ないだけだ。例えば自動車運転中の注意力散漫は避けられない。

しかし、注意力が低下した瞬間に他車と接触する状況になかったり、歩行者がいなかったりするので普通は事故につながらない。そして何の問題も起きなければ、ミスがあったこと自体意識されない。

穴が空いた防御板が何枚も重なった状況を想像しよう。穴がすべての板で同じ位置に揃わなければ、どこかでミスが防がれ、事故は起きない。しかし、状況に応じて穴の位置は移動するので、いつかはすべての防御板で穴の位置が一致し、一定の確率で事故が生ずる。

航空機の製作や運行、原子力発電所の運転などにはシステム的発想が採られ、ミスが少々起きても事故を防止する機構が何重にも用意されている。冤罪を防ぐ工夫の杜撰さとは比べものにならない。それでも事故は起きる。

システム化が難しい医療現場では、使用済みのガーゼや器具を患者の体内に置き忘れたまま縫合したり、手術すべき眼を誤って健康な眼にメスを入れたり、指示と異なる薬品を点滴投与するなどの事故が頻繁に起きる。米国医学研究所が一九九九年に出した報告書によると、医療事故で死亡する患者数は米国内だけで毎年四万四〇〇〇人から九万八〇〇〇人にも上ると推定されている(Wachter & Shojania, 2005)。同国の交通事故死者数が年間四万人ほどだから、それを上回る大変な数字だ。

集団行為は各人の意志を超え、自己運動を展開する。意図的に営まれる逸脱行為・事件としてではなく、ある条件を満たせば必ず生ずる事故として冤罪を把握し直す必要がある。

警察・検察・裁判所の連携作業には多くの人々が関わる。検察に上がる捜査資料は警察によってすでに整合的な形に加工されている。矛盾する部分は切り捨てられ、捜査仮説に合致する状況証拠・自白内容・目撃証言が組み合わされる。こうして一つの推理物語ができあがる。そこに落とし穴はないか、辻褄が合っているか、検察官は再検討する。しかし捜査の第一段階に戻って最初からすべてをチェックするわけではない。ましてや、指紋や弾道の検証あるいはDNA鑑定の結果が正しいかどうかを検察官自身が吟味するはずがない。それが分業というものだ。

検察の手により、捜査仮説はさらに信憑性の高い立件資料として整えられる。矛盾が除かれ、有罪判決に必要な要素だけがまとめられる。そんな資料を裁判官は読んで、犯罪仮説の信憑性を判断する。この段階に至っては、被告人や弁護人の主張、被害者や目撃者の証言が考慮されるとはいえ、できあがった筋書きとの間に齟齬がないか検討されるだけだ。

証拠捏造

二〇一〇年秋、大阪地検特捜部の主任検事が、証拠品として押収したフロッピー・ディスクの最終更新日時を改竄する事件が起こった。検察が描いた犯罪仮説が論理破綻しないための勇み足だった。前代未聞の証拠捏造事件として、『朝日新聞』を始めとするメディアは取り上げ、最高検察庁も異例の迅速さで担当検事の逮捕に踏み切った。検事の行動を明らかにするとともに、改竄事実を上司が知っていたのか、組織ぐるみの不祥事なのかどうかの調査を始めた。

しかしすでに見たように、自供を誘導したり、犯罪仮説に合わない事実を隠蔽する傾向がどの国でも常態化している以上、このような証拠捏造が日本で起きてもおかしくない。今まで表面化しなかっただけで、実際には他にも起きているはずだ。

米国の事例を見よう(Christianson, 2004)。ニューヨーク警察監察区を調べた調査委員会が発表した一九九四年の報告書によると、一九八六年から一九九四年までの期間に、麻薬密売人から金品を巻き上げた者、証拠偽造や裁判偽証をした者、あるいは勤務中に犯罪を犯した者の割合が、警察官全体の六分の一にも上った。この報告書は大スキャンダルを巻き起こし、被疑者九八人に対して検察は起訴取り下げを余儀なくされた。警察内部の推定によると、少なくとも二〇〇〇件の刑事事件において偽証がなされたと言われ、ある警官は七五件の裁判で嘘をついたと白状した。結局、無実の罪で拘禁された被疑者たちに対して、総額数百万ドルという莫大な慰謝料をニューヨーク市は支払い、警察官三三人が有罪判決を受けた。偽証罪によって連邦刑務所に七カ月間拘禁された警官は、犯人逮捕の約六〇%において何らかの証拠捏造がなされていると証言した。

鑑定偽造もある(Forst, 2004; Scheck *et al.*, 2003)。ニューヨーク州検察局が一九九七年に出した報告書によると、ニューヨーク州立警察の鑑識班は指紋偽造など、およそ四〇件の刑事事件において証拠を捏造した。強姦殺人数十件の鑑定を引き受けた検査官は、被告の有罪を決定づける証拠鑑定書を提出したが、実はまったく鑑定を行わずに、起訴状に適合する鑑定書を作成していた。この検査官は、大学在学中の成績もＦＢＩでの研修成績も落第点でありながら、検察に都合のよい鑑定を出してくれるため、最終的に解雇されるまで一〇年以上にわたって重宝されていた。

また他の法医学者は毎年四〇〇件の司法解剖をこなすと豪語したが、実際には解剖せずに鑑定書を作成していた。解剖所見を読んだ遺族は、胆嚢と脾臓の重量記載を発見して驚いた。解剖にふされた男性は、死亡する数年前にすでにこれら臓器の切除手術を受けていたからだ。遺体を墓から掘り出したところ、遺体に解剖の痕跡はまったくなかった。また、脳を解剖されたはずの他の遺体も、頭蓋にメスが入った跡は見られなかった。

日本ではこれほど酷い証拠捏造は知られていない。しかし、被告人に有利な証拠や事情は原則として自白調書に記載されないし、法廷にも提出されない。被疑者のアリバイを証明する文書を検察が隠匿したために、第一審で被告五人が死刑判決を受け、最高裁に至ってやっと無罪になった松川事件を始めとして、弁護側が執拗に要求しない限り、検察側の犯罪立証に不利な材料は表に出てこない。

捜査機関による証拠捏造が米国では起きても、日本では生じないという保証はどこにあるのか。日本の捜査官は優秀かつ誠実であるなどという反論は的外れだ。人間は組織の論理で動く。問題にすべきは個人の資質ではなく、犯罪捜査という、バイアスのかかった磁場の構造である。

フランス最大の冤罪事件

フランスの冤罪例を挙げよう(Aubenas, 2005)。自分の子供を含む児童数名に性的虐待を加えた容疑で、フランス北部の小さな街に住む夫婦が逮捕された。二〇〇一年のことだ。その後、七〇人以上が芋づる式に告発され、児童を餌食にする国際組織の性犯罪事件に発展するかに見えた。結局、一八人が起訴され(うち一人は公判前に獄中で自殺)、二〇〇四年に裁判が開始された。そのうち一〇人が有罪判決を受け、残りの七人が無罪になった。有罪判決を受けた被告人のうち、六人は控訴し、控訴審で全員に無罪判決が下りた。無実の罪に問われた人々は一年半から三年以上にわたって投獄の苦しみをなめた。事件が起きた地名にちなみ、「ウトロー事件」と呼ばれるこの冤罪事件は、フランス裁判史上最大の汚点として社会を揺るがせた。

子供や母親(有罪)の偽証を、担当予審判事が疑いもせずに信用し、証言内容に沿うように他の被疑者を誘導する。嘘が嘘を呼び、誰も後戻りできない虚構の物語ができあがっていった。

「白状すれば、すぐに家に帰れる。否認を続けるなら、三年間勾留して捜査する。裁判で二〇年の懲役にしてやる。どちらが得か、よく考えろ」と脅され、被疑者の一人はついに嘘の自白を始める。すると、その内容を予審判事から聞いた母親が、自白を傍証する偽の事実を捏造するという悪循環が進行する。

なぜ、嘘で固められた自白の矛盾に気づかなかったのか。予審判事は言う。「別々の拘置所に収容された三人の大人を含む、合計七人もの人間が、お前の犯行の詳しい状況を知っているのは何故か。お互い口裏を合わせられないにもかかわらず、彼らの証言内容が一致する事実をどう説明するのか」。偽の自白をした被疑者は、性的暴行を受けた子供に会ったこともなければ、名前も知らない。しかし、予審判事がアルバムを見せて、「強姦した子供はどれか」と尋ねると、被疑者は子供の顔写真をまちがいなく指さす。なぜ、そんなことが可能なのか。答えは簡単だ。被害者の写真の横に指を添えながら予審判事が質問するからだ。

この事件の主な原因は、子供と母親が繰り返す嘘の証言、そして彼らの言葉をたやすく信じた予審判事の未熟さだった。しかし問題はそれに留まらない。そもそも、この事件に関わったのは予審判事一人ではない。この案件に関わった司法官の数は、三年の捜査期間を通して合計六四人に上った。担当予審判事の同僚は言う。

〔仮釈放請求に対する〕却下判定が一つ、二つ、三つと積み重ねられるのを見れば、正当な理由があるにちがいないと司法官は考える。同僚全員がすでに決定した判断を覆そうと、誰が思うだろうか。子供への性的虐待のように、感情を逆撫でする事件では特にそうだ。捜査が進行すればするほど、他の司法官はリスクを避けたくなる。書類を読みもしないで決定する同僚もいる。右に倣えだ。司法装置がいったん始動したら、後は自動的に進行してしまう。それが実態だ。

捜査がかなり進んだ時点で、この事件は本当に起きたのかと末端の警察官は疑問視し始める。最初は、家族による児童強姦という、西洋諸国ではそれほど珍しくもない事件だった。しかし、子供や母親の度重なる嘘は止まるところを知らず、ベルギーに本拠地を持つ国際性犯罪組織の物語へと発展する。四人の児童が殺されたという証言にしたがって、警察は犯行場所を確認する。しかし、いくら捜査しても、証言内容を裏付ける事実は出てこない。

これはおかしいと訝るベルギー警察がその旨を伝えると、フランスの警察も同意見だ。捜査は行き詰まる。母親と子供の話はデタラメなのに、予審判事一人が踊る。現場で働く捜査官の意見が、組織の決定に反映されるとは限らない。それは日本でも同じだ。

捜査本部で一定の方針が決定されてしまうと、そこからはなかなか変更がきかない。とりわけ逮捕なんかをしてしまいますと、もう引き下がれない。行きつくところまで行かないと終わらない。そういう状況が警察の内部にあります。〔……〕警察は「組織」です。しかも上下の地位の差が明確に線引きされた組織です。ですから情報収集に歩いている一捜査官が、いくらこいつはやっていないと思ったとしても、捜査本部で一定の方針が決まり、動き出してしまうと、その意見は全体の組織としての動きに反映していかない。それが現実なのです(浜田 二〇〇四)。

冤罪犠牲者が全員釈放された翌年に、国会議員による公聴会が開かれ、担当予審判事も召喚される。しかし、「職業上の過ちは認められない」という結論に落ち着き、国民が期待した制度改革はなされなかった。

裁判官という解釈装置

裁判官は、弁護側の主張を考慮しながら、検察官が提出する犯罪仮説の妥当性を判断する。検察側資料はバイアスがかかっている。裁判官にすれば、判断材料がすでに限定されている。その上、事前にリハーサルさせられた検察側証人の発言を吟味しながら、被告人の罪状を見極めなければならない。しかし、裁判官は法律解釈の専門家ではあっても、事実認定そのものに長けているわけではない。弁護士コリン・ジョーンズは述べる。

裁判官は事実を科学的に検証して究明するようなトレーニングを受けておらず、日本の場合、事実認定は司法試験の試験科目ではないので、裁判官はいつ、どうやって「事実認定のプロ」になっているのかが今一つ分からない。裁判実務で様々なスキルとノウハウが身について、裁判所内の事実認定のプロセスには慣れてくるだろうが、事実認定そのものの正確性とは別問題だと思う。ひょっとして、書面中心で行われてきた今までの日本の裁判では、難しい文書をたくさん読んで消化することを業とする裁判官について、文書の読解力・分析力と、事実の認定能力が一緒にされているだけではないかと思うことがある。

我々の日常的思考は、次の三つの点で科学や哲学の知見と異なる。①専門家と違い、情報が足りない。したがって、確実な結論に至るための十分な検討がなされない。②我々は社会構造に組み込まれ、所属する社会階層・年齢・性別・出身文化背景・職業などに固有な情報網から知識を得る。したがって、偏った情報を基に判断する。③他者とコミュニケーションを持ち、具体的状況にすぐさま反応する必要がある。したがって、検討不十分でも判断や行動が実行される(Moscovici, 1976)。これらは裁判官の判断過程にも当てはまる。

裁判官は学生時代から優秀であり、難関の司法試験に合格し、合理的思考訓練を積んでいる。しかし、記録読みと判決書きに追われる日々の中で裁判官は、検察官のフィルターを通して限定・加工された情報を基に、他の多くの案件を抱えながら、迅速な判断を迫られる。元裁判官・秋山賢三が『裁判官はなぜ誤るのか』で述べるように、続々と受理される新件と既済事件の対照表が毎月作成され、各部署の働きぶりが一目瞭然になる。処理速度が遅く、事件を停滞させがちな裁判官に対しては、所属部内での評価が下がるという。

哲学者や科学者の論証では、所与の情報に対して論理的検討が十分なされた後で結論が導き出される。しかし一般に人間の思考はそのような道筋をとらない。例えば戦争責任や教科書問題などの政治テーマについて討論する場面を考えよう。相手の主張を最後まで虚心に聞く人はまれだ。相手は左翼なのか右翼なのか、味方なのか敵なのか、論者は信用に値するのか政府の御用学者なのかと、無意識的にカテゴリー化される。討論は、予め作られた思考枠を通して理解され、賛成の安堵感あるいは反対の怒りや抗弁が心の中で積み重ねられる。新聞や本を読む場合も同様だ。

つまり、論理的考察の進行方向とは反対に、既存の価値観に沿った結論が最初に決定される。そして結論に応じて、検討される情報領域が無意識に限定・選択される。客観的推論がなされた結果として論理的帰結が導き出されるのではなく、逆に先取りされバイアスのかかった結論の正当化として推論が後から起こる。

人間である限り、避けられない社会心理のバイアスがある。いくら優秀とはいえ、裁判官も人間だ。そこから自由になれというのは、無い物ねだりに等しい。

第Ⅱ部の終わりに

冤罪件数は想像以上に多い。誤審が生ずる仕組みを知ると、冤罪が起きない方がおかしい。真犯人であるかどうかを知るのは、ほとんどの場合、当人だけだ。目撃証言も当てにならない。定義からして、犯罪の真相は裁判所の下す判断であり、それが真実に合致しているかどうかを知る術はない。真実は誰にもわからないという前提から、欧米の裁判制度は出発している。

冤罪はどの国でも起きる。日本の捜査機関や刑事訴訟法だけが悪いのではない。また、捜査官による人権無視や違法行為は多かれ少なかれ、どこでもなされている。だからといって、違法行為が許されると言うつもりはない。冤罪被害者の無念や悔しさは計り知れない。しかし、冤罪防止と真犯人処罰が相反する目標である以上、抜本的解決はない。犯人は簡単に白状しない。無実の人を獄につなぐ危険を減らせば、野放しになる犯罪者の数は増える。犯罪を憎み、被害者の無念を晴らすために、何とかして犯人を挙げたいと捜査官は願い、できるだけの手を尽くす。そこに、被疑者の人権を無視する行為が発生する。法や規則の網をくぐる方法を人間や組織は必ず考え出す。倫理観に訴えても限界がある。経済やスポーツの世界と事情は同じだ。

冤罪に限らず、悪い出来事が起きると、我々はその責任者を捜す。しかし原因と責任者は同じではない。すでに参照したミルグラムの研究だけでなく、社会心理学では膨大な数の研究を通して、人間が簡単に影響される事実を明らかにする。しかし同時に我々は自律感覚を持ち、人間行動の原因を人格など内的要素に求める。この錯覚に惑わされるために、我々は構造的な要因を軽視し、担当者のせいにしやすい。

警察や検察を庇うのではない。我々は自国の現実と他国の理想とを比較しやすい。実際はどこでも問題を抱えている。冤罪が明らかになるたびに怒りを捜査機関に向けるだけでは解決にならない。問題の根はずっと深い。個々の法制度の不備を超えて、人が人を裁くという行為自体に潜む構造に光を当てなければならない。裁判と人間をめぐる問題の核心に向けて議論を続けよう。

第Ⅲ部　原罪としての裁き

第Ⅰ部と第Ⅱ部では真犯人を見つける困難について検討した。しかし裁判の本質を理解するためには、捜査の実情や評議の社会心理学だけでなく、もっと広い見地から分析しなければならない。第Ⅲ部では責任の論理構造を検討し、犯罪と処罰の正体に迫ろう。問題は真犯人がわからないということだけではない。

人間の処罰は、犬や猫を叱って躾けるのとは違う。ある行為を咎め、行為者を罰するのは、当人に責任がある場合だけだ。この原則は近代刑法の土台をなす。

犯罪が成立するためには、構成要件に該当する違法な行為について、さらに、その行為者に非難が可能であることを要する。この非難可能性が責任である。そして、近代刑法においては、「責任がなければ、刑罰はない」という原則が支配しているが、刑法上の責任は、主観的かつ個人的責任として理解されている。すなわち、主観的責任とは、行為者に責任能力および故意または過失が具備されている場合にのみその行為者を非難しうるとすることをいい、個人的責任とは、行為者は自ら行った行為についてのみ責任を負うとすることをいう。(福田・大塚 一九九七)

　正当防衛や緊急避難が認められる状況あるいは精神喪失などの場合は、責任を問われず、処罰の対象にならない。犯罪行為を避ける可能性があったのにもかかわらず、犯罪を実行してしまったから、処罰を受けるのである。

　しかし、この大前提は正しいのか。人間は自分の行為を制御できるのか。殺意がなければ、殺人罪は成立しない。しかし殺意はそもそも存在するのか。殺意に限らず、より一般的に言って、意志が行為を引き起こすという了解は正しいのか。社会心理学や大脳生理学は、この出発点に疑問を投げかける。

　誤判だけが問題なのではない。以下に示すように、犯罪の本性がわかれば、誤判という概念そのものが根底から揺らぐだろう。処罰の本当の機能は何なのか。悪事をなした犯人が罰せられるという常識を疑ってかかる必要がある。逮捕されて罰を受けるのは誰なのか。

　さらに根源に遡って問わねばならない。法とは何なのか。裁判の判決だけに限らず、そもそも善悪の基準は誰がどのように決めるのか。これらの問いを視野に入れて根本から考察しないと、裁くという行為の本当の姿は見えてこない。これらが第Ⅲ部で検討する問いである。

1　自由意志と責任

何が問題か

人間が主体的存在であり、自己の行為に対して責任を負うという考えは、近代市民社会の根本を支える。殺人など社会規範からの逸脱が生じた場合、その出来事を起こした張本人を確定し、その者に責任能力が認められる限り、懲罰を与える。人間が自由な存在であり、自らの行為を主体的に選び取るという人間像がそこにある。

しかし、人間が自律的な存在ではなく、常に他者や社会環境から影響を受けている事実を社会科学は実証する。第Ｉ部で参照したミルグラムの研究を思い出そう。抵抗を覚えながらも被験者の三分の二は、痛みで絶叫する「生徒」を四五〇ボルトの高圧電流で苦しめた。この実験は一九六〇年代半ばにアメリカ合衆国で実施されたが、その後、西ドイツ・南アフリカ共和国・オーストリア・ヨルダン・スペインなどでも実施され、結果はミルグラム実験以上に高い、七割から九割にも上る服従率を示した(詳しいデータと出典は、小坂井 二〇〇八)。実施時期は一九六〇年代末から一九八〇年代半ばまでにわたる。二〇一〇年にフランスでも行われ、被験者の八〇％が最高電圧まで拷問を続けた。したがって国民性や時代精神では説明がつかない。性別・宗教・政治傾向・職業などによっても、服従率はほとんど変わらない。

ほとんどの人々が、上から指示されるだけで悪事をなすなら、責任概念はどうなるのか。人間行動は社会状況に強く影響される。かといって外因によって完全に決定されるわけではない。人格によっても行為は左右されるから各人の自由はある。したがって責任を負う必要もある。こう考えればよいのか。

しかし、人格という内的要因も元を質せば、親から受けた遺伝形質に、家庭教育や学校などの社会影響が作用して形成される。我々は結局、外来要素の沈殿物だ。私は一つの受精卵にすぎなかった。父と母の肉体の一部が結合して受精卵ができ、それに外界の物質・情報が加わってできたのが私だ。したがって、私が取る行動の原因分析を続ければ、行動の原因や根拠は最終的に私の内部に定立できなくなる。

私の生まれながらの形質や幼児体験が、私の性格を作り、行動を規定するなら、私の行為の原因は私自身に留まらず、外部にすり抜ける。遺伝形質と家庭教育が私の行動を決めるならば、犯罪を犯しても、そのような遺伝形質を伝え、そのような教育をした両親が責められるべきではないのか。どうして私に責任が発生するのか。もちろん、この論理は両親にも当てはまる。彼らにも、またその両親にも責任は負えない。この議論からわかるように、各人に固有の肉体的・精神的性質に行動を帰属させても、主体的責任は導けない。

責任概念の根拠をなす主体性は存在するのか。単に私の腕が上がるのではなく、私が腕を上げると言う時、腕を上げる意志決定を私がするという了解があるが、その意志とは何なのか。意志決定をする私とは一体何なのか。意志決定の後に行為が遂行されると我々はふつう思うが、本当にそうだろうか。

人間行動を理解する上で、文化や教育など社会環境を重視するアプローチと、個人の遺伝要素を重視するアプローチとが、社会科学の研究において対立してきた。しかし、遺伝学的決定論にせよ、社会環境決定論にせよ、人間行動を客観的要因に還元する以上、行為の原因は当人を突き抜ける。したがって、そのような発想からは人間の自由意志を導けない。両者を折衷しても事情は変わらない。自律的人間像に疑問を投げかける科学と、自由意志によって定立される責任概念との間に横たわる矛盾をどう解くか。

行為と責任

刑罰の根拠として援用される責任は、行為の因果関係とは別の次元に属する現象だ。それをこれから明らかにしてゆこう。同じ動機・意志に基づいて同じ行為をしたならば、同じ罰に処されるはずだ。しかし実際はそうでない。行為内容とは別の論理によって、責任や刑罰が定められている。

次の例を考えよう。一人の男がいる。恋人を奪われ、嫉妬に狂い、復讐心から相手の男性を銃で撃つ。撃たれた相手は病院に運ばれるが、あいにく新米の医者しかいない。治療にまごつくうちに被害者は死ぬ。あるいは交通渋滞のために、救急車が病院にすぐ辿り着けず、死亡する。もう一つの筋書きを考えよう。同じように、恋人を奪われ嫉妬に狂う男がいて、相手を銃で撃つ。しかし今度は医者が優秀で、被害者は一命を取り留める。あるいは救急車がすぐに病院に着いたおかげで助かった。

さて犯人が捕まり、裁判が行われる。判決はどうなるだろう。第一のケースでは殺人罪だ。計画性や残虐性が認められる場合は、無期懲役か死刑になる可能性もある。それに対して第二のケースでは殺人未遂にすぎず、刑罰の重さが大きく異なる。

では二つのケースは何が違うのか。犯人の行為自体はどちらも変わらない。同じ動機(恋人を奪われ嫉妬に狂い、復讐したい)であり、同じ意図(殺す)の下に、同じ行為(銃の照準を定めて引き金を引く)が行われた。被害者にとっての結果は異なるが、その違いの原因は犯人に無関係な外的要因だ。医者がたまたま優秀だったか、経験に乏しかったか、あるいは道が混んでいたかどうかという、犯人には関係のない原因だけが二つの状況設定で違う。動機も意図も行為も同じなのに、どうして責任と罪が異なるのか。

この思考実験は特殊な例ではない。酒を飲んで運転し、注意力が鈍ったために横断歩道の前で徐行しなかったとしよう。そこに運悪く、子供が飛び出してきて轢き殺してしまう。運転手は実刑判決を受ける。そして自らの過失に悔恨の情を覚えるだろう。しかし子供が飛び出さず、事故が起きなければ、飲酒運転自体は平凡な出来事として記憶にも残らない。

母子家庭で苦労を重ねて育てた子供が、やっと嫁いだ途端に犯罪に遭遇し、命を落とす。あるいは念願の大学進学を果たした矢先に殺される。こういう不幸を耳にすると、我々は同情を禁じえない。しかし通り魔犯罪のように、知らない人を襲ったのならば、被害者の事情は犯人と無関係だ。したがって、行為の因果律から責任を考えるならば、被害者の苦しみの大小が罪の重さに反映されるのはおかしい。

因果律の観点からすれば、行為が同じなのに、結果に応じて罪や罰が変わるのは明らかな論理誤謬だ。しかし、責任は因果律と異なる論理に支えられる。だから、秩序を維持する上で、このような不条理な慣習が認められるのだ。

意志が生まれるメカニズム

さらに根本的な問題がある。責任論の前提に反して、行為は意志決定を経て遂行されるのではない。ベンジャミン・リベットが行った大脳生理学の実験を参照しよう。手首を持ち上げるよう指示する。いつ手首を動かすかは被験者のまったく自由だ。我々の常識では、手首を上げる意志がまず起こり、手首を動かすための信号が次に脳から関係器官に送られ、少ししてから最終的に手首が動く。ところが実験によると、手首の運動を起こす電気信号がまず脳に発生し、しばらく時間が経過した後に意志が生じ、そのまた少し経ってから手首が動くという不思議な結果になった。

どうなっているのか。実は、手首を動かす電気信号が無意識のうちに生じると、運動を起こす神経過程と、「手首を動かそう」という〈意志〉を生成する心理過程とが同時に作動し始める。まったく自由に行為すると言っても、行為を開始するのは無意識過程であり、行為実行命令がすでに出された後で、「私は何々がしたい」という感覚が生まれてくる。

〈意志〉が生ずるために必要な時間は、運動が起きるための時間より少し短い。行為と〈意志〉を生み出す無意識信号が脳内で生じてから、運動が実際に起きるまでに約〇・五秒かかる。対して、〈意志〉は〇・三秒ほどで作り出される。つまり手首が上がる約〇・二秒前に、その〈意志〉が形成される。行為が遂行されるほんの少し前に、行為決定の〈意志〉が意識されるので、意志が行為に先立つという感覚のごまかしに当人も気づかない。

ここで問題にしているのは、身体の運動が何気なしに生じ、それに後から気づくという事態ではない。まったく自由にかつ意識的に行為する場合でも、意志が生じる前にすでに行為の指令が脳から出ている。また、手首を動かすという単純な行為だけが、このような転倒した順序で生ずるのではない。意志は必ず無意識過程によって引き起こされる。行為遂行の信号発生が意志に先行する構図は、言語活動など複雑な行為にも共通する。

こんな反論が考えられるだろうか。好きな時に手首を上げるよう被験者に指示するならば、行為と意志とを生み出す信号が脳内で発せられる以前にすでに、行為が意識されているはずだ。したがって、行為よりも意志の方が先行し、結局、意志—動作—結果という流れは揺らがない、と。

しかし、この反論は実証的に斥けられる。手首を上げる行為を前もって心の中で準備すると、それに対応する信号が確かに脳に発生するが、それは行為とは関係ない。準備してもしなくても、行為と意志を生み出す無意識信号が発生する時点は変わらず、いずれの場合も意志は、実際に行為の生ずる約〇・二秒前に意識化される。前もって心の準備をしようとすまいと、実際に手首が動くための指令が出るタイミングは変わらない。

行為の原因とされる意志と、単なる心理状態である願望は区別しなければならない。ある行為をしようと心の中で思うだけでは何も起きない。この点は後ほど検討しよう。

主体を捏造する脳

脳では、多くの認知過程が並列的に同時進行しながら情報処理される。意識とか意志とか呼ばれるものは、もっと基礎的な過程で処理されたデータが総合されて生まれる。考えてみれば、これは当然だ。身体運動と同様に、言語・感情・思考なども脳が司る。脳が精神活動を生む以上、その生成は瞬時に行われえず、ある一定の時間が経過する。その間、脳の生成物は意識に上らない。

行為と意志とを生み出す過程は並列的に、すなわち別々に進行する。したがって、行為が起こってしまってから意志が現れても、理屈上はおかしくない。人を殴ってしばらくしてから、「気に食わない奴だ。殴ってやろう」という意志が後になって現れる。殴ろうと思った時に、相手はすでに足下に倒れている。もしそのようにヒトの神経系統が配線されていたら、自由や責任という概念も、デカルトやカントの哲学も生まれなかったにちがいない。人類社会が今のような形を取ることもなかっただろう。

悪い冗談を言うのではない。脳の情報伝達系統を変更した実験もある(Dennett, 1993)。もちろん、手術をして神経経路を変更するわけにはいかないので、同様の効果が出るようにトリックを施した。被験者にスライドを見てもらい、いつでも好きな時にボタンを押して次のスライドに移動するよう指示する。ところが実は、ボタンはプロジェクターに接続されておらず、ボタンを押しても何も起きない。その代わりに被験者の脳波を測定し、指の運動を起こす命令信号が発生した時にスライドが瞬時に変わるよう、コンピュータに接続しておく。被験者はこの舞台裏を知らない。

さて実験が始まると、被験者は不思議な経験をする。スライドが変わってしまった後で、ボタンを押す意志を感じるという、通常とは逆の感覚が現れる。まるで本人も知らないうちにプロジェクターに心を読み取られるかのようだ。つまり前の実験と同様に、指を動かす電気信号が脳内に発生すると、運動を起こすための過程と、〈意志〉が生まれる過程とが並行して進行する。しかしトリックのせいで、ボタンを押す意志を先取りしてスライドが変わるのである。

脳内で発生する電気信号を意志と呼んでも、問題は解消できない。責任に言及する文脈で意志が重要な意味を持つのは、意志の力で犯罪行為を制御できると考えるからだ。行為が無意識に生ずるならば、我々は自分の行動を律することができない。自由意志に基づいて行為がなされるから責任が発生するという了解は、こうして大きな試練を受ける。

すべての行為が、意志によってではなく、脳内に発する無意識信号によって作動すると認めると、自由と責任の根拠を失う。そこでリベットは当惑し、行動が生ずる直前に、その生成プロセスを意志が却下する可能性を主張する。意志が意識化されてから実際に行動が起きるまでに約〇・二秒の余裕がある。したがって、発現されようとする行動に対して、意志が途中却下する可能性が残る。脳が出した無意識の指令を停止できるはずだ。つまり、行為は無意識のうちに開始されるが、実際に身体が運動を起こす前に意志が生じるので、当該の命令を意志が検閲し、信号の却下あるいは進行許可を判断するとリベットは言う。

しかしこの解釈は無理だ。意志発生以前にすでに無意識の信号が発せられる事実を証明しながら、指令却下のメカニズムだけは、意志が直接の引き金となり、その意志の発現以前に無意識過程はないと主張はできない。リベットの研究は、どんな意志も脳内の無意識過程によって生じ、行動と並列して、意識上に出現する現象であることを証明している。意識に現れる意志から直接に身体運動を命ずる可能性は否定される。したがって、他の意志と同様に、信号却下命令を下す意志も、無意識信号に導かれるから結局、意志と行動の順序をめぐる由々しき問題は解決しない。

また、自由意志の可能性を残そうとするリベットの解釈は奇妙な二元論をなす。行為とともに発生する意志の起源を脳信号に還元する一方で、却下指令が出されるメカニズムとしては、脳に生ずるいかなる準備過程とも独立な意志の存在を他方で要請する。このような解決法は、論理一貫性に欠けるだけでなく、もっと根本的な問題として、脳の機能と独立した意志の存在を認めることにつながる。後述するように、意志が脳すなわち身体と無関係ならば、犯罪者の身体を罰する意味が失われてしまう。

意志や意識は行為の出発点ではない。これは認知科学ではよく知られた事実だ。マイケル・ガザニガが行った「分割脳」の研究に依拠して、この点を敷衍しよう(Gazzaniga, 1985)。高等動物や人間の脳は左右二つの大脳半球からなり、それらは脳梁と呼ばれる部分で接続されている。どちらかの半球に達した情報は、この脳梁を通して他方の半球にも伝えられる。しかし脳梁が切断されると、片方の半球にある情報は他方の半球に伝わらなくなる。もう一方の半球はその情報を「知らない」という状態が生ずる。

癲癇治療法の一環として脳梁を切断する場合がある。癲癇は、脳において電気信号が制御を失って異常発生する症状だ。したがって、脳梁を切断して左右の大脳半球を分け隔てれば、片方の半球で起きた異常な電気信号がもう一方の半球に波及しない。正常な状態にある大脳半球の活動が維持できるので、意識不明に陥らずにすむ。麻痺していない方の手足を使って身体を横たえたり、安全な場所への移動も可能だ。言語機能を司る左大脳半球が正常ならば、助けを呼ぶこともできる。

脳梁切断術を施しても、知能が低下したり、人格が変わったりしないので、普段は問題が生じない。しかし、大脳半球がそれぞれ独立に働くようになるので、不思議な現象も起きる。例えば患者が怒りだして妻に乱暴を始める。神経系統は左右交差しているので、右半球が興奮すると左手が反応する。すると左半球はそれを感知して、右半球の行為を留めようとする。つまり右手を使って左手の乱暴を制止する。まるで一つの身体の中に二つの精神が宿るかのようだ。右手と左手を媒介に、左右の大脳半球の間で代理戦争が始まる。

デカルトが考えたような、統一された精神や自己はない。ガザニガは言う(Gazzaniga, 2000)。

> 何かを知ったと我々が思う意識経験の前に、すでに脳は自分の仕事をすませている。〈我々〉にとっては新鮮な情報でも、脳にとっては古い情報にすぎない。脳内に構築されたシステムは、我々の意識外で自動的に仕事を遂行する。脳が処理する情報が我々の意識に到達する〇・五秒前には、その作業を終えている。〔強調小坂井〕

2　主体再考

〈私〉という虚構

〈私〉はどこにもない。比喩的にこう言えるかもしれない。プロジェクターがイメージをスクリーンに投影する。プロジェクターは脳だ。脳がイメージを投影する場所は、自己の身体や集団あるいは外部の存在などへと、状況に応じて変化する。例えば我々はひいきの野球チームを応援したり、オリンピックで日本選手が活躍する姿に心躍らせる。あるいは、勤務する会社のために睡眠時間を削り、努力する。我が子の幸せのために、喜んで親が自己を犠牲にする。これら対象にそのつど投影が起こり、そこに〈私〉が現れる。

〈私〉は、脳でもなければ、イメージが投影される場所でもない。イメージを、光が織りなす物理的布置と捉えるならば、それも〈私〉ではない。〈私〉はどこにもない。虹のある場所は客観的に同定できず、それを観る人間によってどこかに感知されるにすぎない。それと似ている。〈私〉は実体的に捉えられない。〈私〉とは社会心理現象であり、社会環境の中で脳が不断に繰り返す虚構生成プロセスを意味している。

恋をする。相手をなぜ好きなのか自問しよう。背が高いから、美人だから、優しいから、高収入だから、有名人だから、料理が上手だから……。こんな理由を思いつくかも知れない。しかし、好きな理由が明確に意識されるようでは、恋愛感情は芽生えない。恋と呼ばれるのは、そのような打算や具体的理由を超えて、相手自身が好きだという感覚だ。とにかく好きだという、曖昧なようで同時に揺るぎない確信だけがある。つまり、自分が恋する相手が何者であるかはわからない。根拠が隠蔽されるおかげで、恋という心理現象が可能になる。実は、恋の対象たる〈彼〉や〈彼女〉はどこにも存在しない。諸要素に還元できない主体という虚構が機能するおかげで、恋愛という不可解な現象が可能になる。

行動や判断を実際に律する原因と、判断や行動を理解・説明するために本人が想起する理由との間には大きな溝がある。催眠状態の人に、「催眠が解けた後で、私が眼鏡に手を触れると、あなたは窓辺に行って窓を開けます」と暗示する。その後、何気ない会話をし、自然な仕草で眼鏡に手をやる。すると被験者は突然立ち上がって窓を開けに行く。なぜ窓を開けたのかと尋ねてみよう。わからないけれど、何となく急に窓が開けたくなったと答える者はまずいない。ちょっと暑かったとか、知人の声が外から聞こえたような気がしたなどという合理的理由が持ち出される。自分の行為の原因がわからないから、妥当そうな理由が無意識に捏造される。

我々は常識と呼ばれる知識を持ち、所属する社会・文化に流布する世界観を分かち合っている。ひとは一般にどのような原因で行為するのかという因果律もこの知識に含まれる。窓を開けるのは、部屋の空気を入れ替えたり、そこから外を眺めるためだ。空腹を覚えたので窓を開けた、入学試験に合格するために窓を開けたなどという説明は非常識でしかない。すなわち、自らの行動を誘発した本当の原因は別にあっても、それがわからなかったり、常識になじまなかったりすれば、他のもっともらしい理由が常識の中から選ばれて援用されるのである。

自由の意味

さて、行為が自由意志によって生じないなら、責任をどう考えるべきか。これは大変な問題だ。自由と責任を救うためには、認知・社会科学の知見を根底から否定しなければならない。あるいは逆に自由と責任を放棄して、科学の結論に従うべきなのか。前著『責任という虚構』が投げかけた問いは、これだった。

二つの事実や理論の間に矛盾が見つかる場合、そのうちの一方を採用して他方を否定するという解決に我々は走りやすい。しかし、どちらも維持しながら、考え方の出発点自体の再考を通して矛盾を止揚する方が、より満足な解決をもたらす。自由や責任が、実証科学の成果と矛盾して見えるのは、発想の根本部分ですでに何か勘違いをしているからではないか。

「はじめに」で紹介した小話を思いだそう。自由や責任を因果関係で理解する発想は、あの街灯の光に似ている。我々は探すべきところを探さずに、慣れた思考枠に囚われている。問題解決を拒むのは、知識不足ではない。反対に、常識という名の余分な知識が眼を曇らせる。自由意志を疑問視するだけで感情的になる人もいる。慣れた価値観を新たな眼で見直すのは想像以上に難しい。どう考えればよいのか。

行為の生成プロセスに偶然の介入を認めても、何の助けにもならない。

量子力学に依拠して自由を救おうとする、こんな試みがある。素粒子の軌道は確率的にしか予測できない。同様に人間の行為も、多くの人間を観察すれば、社会・心理条件と犯罪率の関係を推測できるだろう。しかしどんなに詳しいデータを集めても、ある特定の個人が犯罪に及ぶかどうかはわからない。だから人間行動は決定論に従わず、責任を負う必要もあるのだ、と。

だが、このアナロジーは的外れだ。素粒子の運動状態を素粒子自身は意識しない。ましてや素粒子が自分の軌道を主体的に変更できるわけではない。だから、人間は自己の行為を予測し、意識的に制御できるのかという肝心な点の考察に、この類推は役立たない。

そもそも問題は、人間の行為が決定論に従うかどうかではない。偶然生ずる行為とは何か。勝手に手足が動き出す。不意に殺意を催し、隣人の首を絞める。このように理由なく生ずる殺意や、制御できない身体運動を、自由意志の産物と我々は形容しない。それに、身体運動が偶然に、原因や理由なく生ずるならば、それは単なる出来事であり、行為とは性質を異にする自然現象だ。したがって、私の行為と呼ぶことさえできない。

決定論に拘束されない意志概念は責任や刑罰の論理になじまない。外的攪乱要因が起こす行動に対しては責任を問えないからだ。私と無関係な偶然により殺人が生ずるならば、処罰の苦痛を通じて私の人格を矯正しても、今後の犯罪抑止は望めない。それに偶然が原因なら、私は悪くないはずだ。どうして罰を受ける必要があるのか。

以上のような妥協的解決では自由も責任も救えない。自由と責任の概念規定を根底から見直さない限り、袋小路を抜け出すことは不可能だ。決定論と非決定論のどちらの立場であれ、責任を因果関係で捉える点は変わらない。責任は、それとは異なる論理にしたがう社会現象である点を理解しないと、この問題は解けない。

壊れた機械を修理したり、スクラップにして破棄処分するように、社会にとって危険な人物は再教育したり、刑務所や精神病院に閉じこめたり、あるいは死刑に処すればよいという意見が出るかもしれない。しかし、正常に機能しない機械は修理するか壊すという発想ならば、責任は無駄な概念になる。それに、欠陥を持つ生物機械として破棄するならば、極悪人を死刑に処す場合でも、同情と憐憫をもって安楽死させるはずだ。本人のせいではないのだから、敵意を抱くのはおかしい。

　病気や怪我が原因で車イス生活を余儀なくされる人に対して、歩けないのは当人が悪い、自己責任だという暴論を我々は認めない。しかし行為の責任も同じ論理に依っている。両親から受け継いだ遺伝形質に、家庭教育や学校教育など後天的な影響が加わって人格ができる。そしてその人格が、その時々の社会条件に応じて行為を生む。だから善行であれ悪行であれ、行為の原因は当人をすり抜ける。悪人を処罰するということは、身体障害者に対して、それは自業自得だと突き放すのと変わりない。実は我々は、このような恐ろしいことをしているのだ。しかし、自由意志という虚構のおかげで、この論理構造が隠蔽される。

　自由とは何か。それは因果律に縛られない状態ではない。自分の望む通りに行動できるという感覚であり、強制力を感じない状況のことだ。強制されていると主観的に感じるか否かが、自由と不自由とを分ける基準をなす。他の要因によって行為が決定されるかどうかという客観的事実は、自由かどうかの判断とは別の問題だ。我々は常に外界から影響を受けながら判断し、行動する。しかし自分で決めたと感じる場合もあれば、強制されたと感じる場合もある。主観的感覚が、自由という言葉の内容なのである。

殺意は存在しない

ある行為をしようと心の中で思うだけでは何も起きない。手を動かそうと欲しても、思うだけでは手は微動だにしない。憎い彼奴を殺したいと念じる間は単なる願望であり、実際に銃の引き金を引く身体行動を起こす指令は常に無意識に生まれる。

因果律を基に責任を定立する近代的発想において、意志が重要な役割を果たすのは、意志が行為の原因をなすと考えるからだ。行為と関係ない単なる心理状態ならば、意志について議論する意味がない。ところで、意志が原因をなすならば、それに対応する行為は必ず生じなければならない。原因と結果の間には必然的関係がある。

銃の引き金を引く意志があっても、現実には発砲する場合もあるし、そうでない場合もあると言うならば、そのような意志は行為の原因と認められない。明日から絶対にタバコをやめるという強い意志があっても明日になると、昨日はそう思ったけど急にやめるのは大変だから、まずは量を半分に減らそうと考えが変わるならば、前日の禁煙意志は願望にすぎず、禁煙の原因たりえない。

では、意志と単なる願望とを分ける基準はどこにあるのか。それはまさしく、行為が実際に起きた事実以外にない。『時間と自由』において中島義道は重要な指摘をする。

「超越論的自由」とは〔……〕ある身体の運動が行為であるかぎり、かならずその行為記述と同一の意志記述を要求するということである。〔……〕もしXが「歩いている」という記述を行為として認めるなら（当人が意識しようとすまいと）そこに「歩こう」という意志記述を認めなければならないということである。Xが「殺した」ことを認めることは、Xのそのときの心理状態に一切かかわらずこの意味でXに「殺す」意志があったことを認めることにほかならない。川で溺れそうな子を見て無我夢中で飛び込み、ずぶ濡れになって子供を抱きかかえつつ「自分が何をしたかわからない」と語る男はその子を「助けた」がゆえにその子を「助ける」意志をもっていたのである。「助けたい！」と内心叫びながら岸辺で腕を拱いていた人々は「助けなかった」がゆえに「助ける」意志をもっていなかったのである。〔強調中島〕

〔……〕こうした行為と同一記述の意志をわれわれが要求するのは、過去の取り返しがつかない行為に対してある人に責任を課すからである。〔……〕ある行為の行為者に責任を負わせることをもって、事後的にその行為の原因としての（過去の）意志を構成するのだ。〔強調小坂井〕

近代的道徳観や刑法理念においては、自由意志の下になされた行為だから責任を負うと考えられている。しかし責任の正体に迫るためには、自由意志に関する我々の常識を改めなければならない。責任が問われる時、時間軸上に置かれた意志なる心理状態と、その結果たる出来事とを結ぶ因果関係が問題になるのではない。実は論理が逆立ちしている。自由だから責任が発生するのではない。逆に、我々は責任者を見つけなければならないから、つまり、事件のけじめをつける必要があるから、行為者が自由であり、意志によって行為がなされたと社会が宣言するのである。言い換えるならば、自由意志は、責任のための必要条件ではなく、逆に、因果論的な発想で責任を把握する結果、論理的に要請される社会的虚構に他ならない。

意志は、個人の心理状態でもなければ、脳あるいは身体のどこかに位置づけられる実体でもない。意志とは、ある身体運動を出来事ではなく行為だとする判断そのものだ。人間存在のあり方を理解する形式が意志と呼ばれるのだ。人間は自由な存在だという社会規範が、そこに表明されている。意志や主体はモノではなく、コト、すなわち社会現象として理解しなければならない。

主体のイデオロギー

精神活動はデカルトにとって意識、フロイトにとっては無意識、また認知心理学にとっては脳の機構を意味する。いずれのアプローチも、精神を各人の内部に位置づける点は共通する。

本書の立場を明確にするために、J・J・ギブソンが提唱したアフォーダンス理論との違いを指摘しておこう。『環境に拡がる心』において河野哲也は、デカルト的主体概念を斥け、ネットワーク機構として主体を把握する。

> こうした個体主義的な心＝主体の概念に抗して、本書で提示したいのは、次のような心＝主体の概念である。まず、心の分散性の概念である。すなわち、心は脳の中にあるのではなく、あえてその所在を問うならば、脳以外の身体の諸器官、さらに身体の外部にあるさまざまな事物に宿っていると見ることも可能だということである。この意味で、心は環境のなかに拡散して存在していると言ってもよい。〔強調河野〕

しかし、各人の脳あるいは身体内部に主体を閉じ込めず、環境中に分散しても、主体を実体的に捉える点は、デカルト的個人主義や認知心理学の構図と何ら変わらない。しかし、主体はどこかに位置づけできる実体ではない。主体はどこにもない。ネットワークやシステムとしても主体は存在しない。主体とは、懲罰制度を可能にするために捏造される社会的虚構だ。主体とは、責任を問う社会的文脈におかれて初めて意義を持つ概念である。人間が主体的存在だから責任を負うのではない。論理が逆だ。責任を問う社会習慣があるから、主体として人間が把握されるのだ。過去の意味に注目する視点から、中島義道は自由意志と責任の関係を正しく言い当てる（中島 二〇〇一）。

どうもこの（まさにそのときにこの同じ私がAを選ばないこともできたはずだという）思いこみは、われわれ人間が過去に何らかの決着をつけたいという要求、過去を「精算する」態度とでも言えましょうか、その要求から生まれたもののように思われます。つまり、われわれが過去の自他の行為に対して何らかの責任を追及するというところに「自由」や「意志」の根っこがあるわけで、もしわれわれがある日、責任をまったく追及しないような存在物に変質してしまえば、「自由」や「意志」は不可解な概念となるかもしれません。

行為の出発点として〈私〉を措定する発想がそもそも誤っている。〈私〉はどこから生まれるのかという疑問がすぐさま出るからだ。論理は無限遡及に陥り、行為の原因は〈私〉を通り抜けて雲散霧消してしまう。

誤解をもう一つ解いておこう。人間は自律的な認知システムだ。この事実をもって、人間の主体性、そして責任を根拠づけようとする論者は多い。しかし主体と自律は峻別しなければならない。自律性は、すべての生物に共通する性質であり、責任能力に欠けるとされる精神疾患者も同様だ。遺伝や環境条件だけで人間の行動を説明できないという事実自体からは、犬や猫の自律性以上の意味は引き出せない。人間以外の生物に対して責任を問わないように、我々が了解する近代的意味での責任は、自律性だけでは定立できない。

3　犯罪の正体

以上、意志や主体に関する常識を問い直し、責任という社会現象が、行為の因果律とは別の論理にしたがうと主張してきた。では、その論理とは何か。

責任概念の歴史変遷

まずは歴史を振り返ろう。中世では、疫病など困った出来事が起こると、スケープ・ゴートを処罰して社会秩序が維持されてきた。魔女裁判はその典型だ。犯罪のシンボルを捏造し、処刑する。そのおかげで社会に一時、平和がもたらされる。責任者として罰せられるのは、生きた人間に限らない。死体・動物・植物、そして無生物までもが刑罰の対象になってきた。

フランス革命をわずか一〇〇年ほど遡る一六七〇年に発布されたフランス国王勅令は、宗教異端者や王殺し犯人の死骸に対して、顔が地面で擦れるようにしながら市中を引き回した後に、絞首刑に処すよう規定した。

動物裁判はよく知られている。ヘブライ・ギリシア・ローマからキリスト教世界に至るまで、動物が人間に危害を与えた際には、「犯罪者」として動物が裁判にかけられた。たいていは死刑判決を受け、公開で絞首刑が執行された。石打・斬首・焚刑になることもあった。手足の切断など、被害者が受けた傷と同じ損傷を動物に与えてから殺す場合もあった。動物裁判は一二世紀から一八世紀まで、特にフランスで頻繁に行われた。単なる私刑ではない。人や家畜を殺傷したり、畑や果樹園を荒らした動物は逮捕されて監獄に放り込まれる。領主の代訴人による証拠調べがすむと起訴請求へと進む。受理されれば、被告たる動物の弁護士が任命されて、裁判が始まる。動物裁判および処刑は公的な制度として行われ、費用は国王あるいは領主が負担した。

植物や無生物が処罰対象として選ばれることもあった。例えば木から落ちて死亡すると、死者の親族は集会を開き、木を切り倒した後、小さく挽き割って風に飛ばした。また、戦闘で殺された被害者の親族は、使用された武器を罰する目的で焼却処分した。

なぜ、このような不可解な処罰制度が生まれ、維持されたのか。中世の遺物にすぎないと考えるのは早計だ。アニミズムなどの迷信が原因ならば、迷信が支配的な時代ほど、これらの風習が営まれるはずだ。しかし、動物裁判が最も頻繁に行われたのは原始社会などではない。キリスト教の影響下に近代化を遂げつつある一四世紀から一七世紀のヨーロッパ、特にフランスにおいてである。デカルトが生きたのは一六世紀前半。その時代の出来事だ。上述した一六七〇年発布の勅令は何故、死体の裁判・処罰を規定したのか。死体が痛みを感じるとルイ一四世時代の法学者が信じたわけではない。プラトンらギリシアの哲人が動物裁判を規定したのも、動物に意志の存在を認めたからではない。

犯罪処罰の仕方は地域・文化・時代によって大きく異なる。何故このような多様性が見られるのか。その理由を各社会・文化の固有性に求めるのはよい。しかしそれならば、〈普遍的価値〉の源泉に関しても、超歴史的な要因に探すのではなく、人類社会全体に共通する集団性それ自体に求めるべきだろう。奇妙な処罰慣習が各共同体固有の世界観に起因するなら、正しいとされる責任概念も、単に現在の我々の世界観を反映しているだけではないのか。正しいと我々近代人に映る責任概念だけが、社会・心理的制約を逃れ、普遍的真理に合致するという保証はどこにもない。

犯人の正体

常識的に考えると刑罰の手続きは、①犯罪事件の発生、②その原因としての行為者つまり犯人を探し出す、③犯人の責任を判断して、④罰を与える、という順序にしたがう。すなわち犯人をまず見つけ、責任が確定した後に、それに対する刑罰が決定される。

しかしすでに検討したように、行為の因果関係に基づいて責任を定立する近代的発想は不条理だ。秩序維持装置が実際に機能する仕組みは、どうなっているのか。

フランスの社会学者ポール・フォーコネは次の解釈を提示した。犯罪とは共同体への侮辱であり反逆だ。社会秩序が破られると、社会の感情的反応が現れる。したがって、人々の怒りや悲しみを鎮め、社会秩序を回復するために、犯罪を消し去らねばならない。しかし犯罪はすでに起きてしまったので、その犯罪自体を無に帰すことはできない。そこで、犯罪を象徴する対象が選ばれ、このシンボルが破壊される儀式を通して、共同体の秩序が回復される。このシンボルが犯人＝責任者の正体だ。責任という社会装置が機能するメカニズムをフォーコネはこう分析した。

> 犯罪から生じた動揺を鎮め、侵された戒律を回復するために社会が見つけた唯一の手段は、犯罪によって社会が受けた冒瀆のシンボルに対して感情を爆発させ、このシンボルを

想像の上で破壊することだった。この破壊的激怒が処罰の源泉をなす。〔……〕犯罪の代替物として適切だと判断され、犯罪に対する罰を引き受ける存在、これが責任者である。〔強調フォーコネ〕

社会秩序への反逆に対する見せしめとして刑罰は執行される。見せしめの刑を通して、社会の掟や禁止事項が再確認される。禁忌に触れると、恐ろしい処罰が待っていると威嚇する。事件のシンボルとして何が選ばれるかは時代および文化により異なる。見せしめの対象は、必ずしも犯罪の行為者とは限らない。刑罰は、犯罪事件のシンボルに対して科せられるのであり、社会が共有する世界観にとって犯罪の代替物になりさえすれば十分だ。犯罪の行為者が責任者として選定され、罰を受ける場合は確かに多い。しかしそれは責任や罰が、犯罪行為の因果関係に依拠するからではない。犯罪事件が意味づけられる過程において行為者が最も目立つため、犯罪のシンボルとして選ばれやすいからである。

罰を受ける者として行為者が最も頻繁に選ばれるのは、行為者のイメージが犯罪と特に密接に結びつくからだ。犯罪により生じた動揺が最初に波及し、特に強く結合するのが行為者のイメージだからだ。あるいは、犯罪事件から生まれる不安を前にして、行為者のイ

メージだけが喚起されるからだ。〔強調フォーコネ〕

責任と罰は表裏一体だ。責任があるから罰せられるのではない。逆に、罰せられることが責任の本質をなす。犯人＝責任者はスケープ・ゴートだ。普通、スケープ・ゴートと言うと、本当の犯人がいて、その代わりに無実の人が罰せられる現象を意味する。しかしフォーコネ説において、スケープ・ゴートは犯罪自体の代替物であり、犯罪者の代替物ではない。責任者の同定は、犯罪の原因究明ではなく、けじめをつける目的で、犯罪のシンボルとして罰するための対象を選ぶことだ。スケープ・ゴートの選定が犯人＝責任者の確定を意味するから、それ以外に真犯人はいない。

犯人＝責任者が身代わりにすぎないという疑いは起きない。身代わりだと判明すれば、他のシンボルを社会は再び求め、これが真の責任者だと信じられる存在が罰せられる。社会秩序はこのように虚構の物語に支えられている。しかし同時に、虚構だという事実が人間に隠蔽されるおかげで社会秩序が成立する。

誤解がないように念を押しておこう。フォーコネ説に対して、現実の客観的分析として誤りだという反論は可能だ。しかし人権無視だとか、正義に悖るなどと非難するのは的外れである。スケープ・ゴート責任論は、我々の意識に映る姿とは別に、過去から現在そして未来までずっと責任はこのように機能するという社会学的解釈だ。

フロイトやマルクスの分析を待つまでもなく、人間の行動を深部で律しているのは意識ではない。社会のあり方に応じて意識は形成される。制度を正当化するために我々が持ち出す根拠と、制度が機能する本当の理由との間に齟齬があるのは矛盾でも何でもない。それどころか、社会制度の真の姿が人間に隠蔽されなければ、社会は成立しない。贈与や貨幣などの交換制度、支配・平等・正義の仕組みも同じだ(詳しくは、小坂井 二〇〇八)。

犯罪とは何か

犯人を見つける難しさを分析した第Ⅰ部と第Ⅱ部の議論を超え、より根源的に考えれば、犯人という概念自体に問題が潜むと主張してきた。犯罪論を続けよう。悪とは何か。どのように我々は善悪を判断するのか。フランスの社会学者エミール・デュルケムは言う(Durkheim, 1924)。

殺すなかれという命令を破る時、私の行為をいくら分析しても、それ自体の中に非難や罰を生む要因は見つけられない。行為とその結果(非難や罰)は無関係だ。殺人という観念から、非難や辱めを演繹的に取り出すことはできない。〔……〕処罰は行為の内容から結果するのではなく、既存の規則を遵守しないことの帰結だ。つまり、過去にすでに定められた規則が存在し、行為がこの規則に対する反逆であるために、処罰が引き起こされるのである。〔……〕禁止行為をしないよう我々が余儀なくされるのは、単に規則が我々に対して当該行為を禁ずるからにすぎない。

行為の内在的性質――殺人はAという理由で悪である――によって犯罪性が決まるのではない。犯罪は単に社会規範からの逸脱を意味する。逸脱つまり差異は、定まった内容として積極的に定義できない。そして、社会規範は人々の相互作用が生み出す産物であり、そこに超越的根拠や内在的理由はない。

行為が正しいかどうかは社会的・歴史的に決まる。それは美人の基準と同じだ。顔をどれだけ眺めても、女性の美しさの理由はわからない。美の根拠は外部すなわち社会規範にあるからだ。美しいから美人と呼ばれるのではない。逆に、美しいと社会的に感知される人が、美貌の持ち主だとみなされる。善悪の基準も同様だ。悪い行為だから非難されるのではない。我々が非難する行為が悪と呼ばれるのである。

共同体が成立すれば規範が生まれる。社会全員がまったく同じ価値観を持つのでない以上、必ず逸脱が感知される。逸脱の一部は独創性として肯定的評価を受け、他の一部は悪と映る。

犯罪と創造は多様性の同義語であり、一枚の硬貨の表裏のようなものだ。それは、食物を摂取する側にとって腐敗と発酵が区別すべき二つの現象であっても、化学的には同じプロセスである事情と似ている。社会で付与される価値は正反対でも、既存規範からの逸脱であり、文化的多様化の産物である点は変わらない。

自らが生きる時代の価値観を超えようと夢見る理想主義者の創造的個性が出現するためには、その時代にとって価値のない犯罪者の個性も発現可能でなければならない。前者は後者なしにありえない (Durkheim, 1937)。

もし同じ規範を全員が守るならば、社会は変化しえず停滞する。いつまでも同じ価値観が続く、歴史を持たない社会だ。犯罪のない社会は論理的にありえない。どんなに市民が努力をしても、どのような政策や法体系を採用しても、どれだけ警察力を強化しても犯罪はなくならない。

悪の存在しない社会とは、すべての構成員が同じ価値観に染まって、同じ行動をとる全体主義社会だ。つまり犯罪のない社会とは、理想郷どころか、ジョージ・オーウェル作『一九八四年』に描かれるような、人間の精神が完全に圧殺される世界に他ならない。

なぜ犯罪はなくならないか

悪い結果は悪い原因によって引き起こされる、社会の機能がどこか狂っているから犯罪が生ずると我々は考えやすい。しかし、この発想がすでに誤りの元だ。

性犯罪を例に取ろう。強姦被害者はなぜ苦しむのか。心に受けた傷は長期にわたって、あるいは一生かかっても癒えない。それは性という、人間にとって特別な意味を持つ世界での造反行為だからだ。問題は肉体上の被害ではない。確かに、妊娠し中絶を余儀なくされ、二度と子供を産めなくなったり、性病を移されるなど、身体に傷跡が残る場合もある。それでも、出刃包丁で腹部を刺されたり、鉄パイプで頭部を殴られれば、それ以上に酷い障害が生ずるだろう。問題は心だ。

思考実験として、人間の性が完全に解放された世界を想像しよう。猿のボノボは挨拶として性行動をする。人間がそんな存在になったら、性犯罪は消失するか、今よりもずっと数が減るにちがいない。誰とでも性関係を持つ世界では強制の必要がない。他者を支配する手段や、相手に認められるシンボルとしても、性行動は用をなさなくなる。被害者の側も同様だ。性関係を強要されても、そこに特別な意味はない。喧嘩で殴られるのと同様に単なる暴力・傷害だ。したがって、握手したり、一緒に食事したりする以上の意味が性から失われる社会では、強姦被害者が受ける、性的造反による精神的苦悩は同時に消える。

　事件の後遺症として、その後、性関係を持てなくなる人もいる。しかしそれも、性が特別な意味を持つ限りでのことであり、性が完全解放された世界では、精神的後遺症は生じなくなるか、少なくとも今よりもずっと軽減されるはずだ。つまり、社会が機能不全に陥るから性犯罪が生ずるのではない。性犯罪は、性タブーを持つ社会に必然的に起こる正常な現象だ。

　性犯罪の責任を被害者に転嫁するのではもちろんない。性タブーをなくせと無理を言うのでもない。我々が抱く常識を支える論理構造に光を当てるのが、この思考実験の目的だ。性道徳・禁忌は、必要で正しい社会規範・制度として理解されている。しかし、そこから性犯罪が必然的に生じ、被害者は苦しむ。この因果関係を把握しよう。

　性の完全解放など、現実にはできはしない。第一、意識的に消去できるぐらいなら、最初からタブーなどではない。つまり人間が人間である限り、性道徳が必ず社会に生まれ、維持される。したがって性犯罪は人間社会の原罪のようなものだ。その意味で、我々も悪の共犯者なのである。

　他の犯罪も同じだ。貧富の差が社会に存在する以上、窃盗・強盗・詐欺はなくならない。しかし、平等な社会の建設は原理的に不可能だ。人間は他者との比較を通して自己同一性を確認する。したがって、格差のない社会に人間は生きられない。

経済格差を少しでも減らせば、問題解決に近づくのではない。逆に、差が小さくなればなるほど、その小さな違いが人々をますます苦しめるようになる。差別を公然と制度化する伝統社会に比べて、より平等な近代社会が人間を幸福にするとは限らない。民主主義社会の出現を前にして、フランスの思想家トクヴィルは警告した。

彼らは、同胞の一部が享受していた邪魔な特権を破壊した。しかし、それによってかえって万人の競争が現れる。地位を分け隔てる境界そのものが消失したわけではない。単に、境界の形式が変化しただけだ。〔……〕不平等が社会の常識になっている間は、最も著しい不平等にも人は気づかない。それに対して、すべての人々がほとんど平等になった時には、どんな小さな不平等でも、人の気持ちを傷つけずにはおかない。だから、平等が増大するにしたがい、より完全な平等への願望は一層いやしがたくなり、より大きな不満が募らざるをえない。

社会の機能不全が原因で悪が生ずるのではない。その逆だ。悪は、正常な社会構造・機能によって必然的に生み出される。だから、時代が変わっても、人間がどんなに努力しても、悪はなくならない（平等と正義に関する検討は、小坂井 二〇〇八参照）。

悪の必要性

さらに分析を続けよう。デュルケム理論において犯罪は、共同体の新陳代謝で必然的に生ずる廃棄物だ。社会が維持される上で規範が成立し、そこから逸脱が感知される。そして、規範からの逸脱のうち、肯定的評価を受ける要素は創造的価値として受け入れる一方で、否定的な烙印を押された要素は悪として排除する。生物が食物摂取後に栄養分だけ体内にとどめ、無駄な要素を排泄し、新陳代謝過程で生成される有毒物を体外放出する仕組みに似ている。

しかしこの解釈では、犯罪に消極的な役割しか与えられていない。生物の比喩に戻ろう。消化できない植物繊維などは始めから摂取せずに栄養分だけを選択的に食し、また新陳代謝で有害物質が生じなければ、生物はより効率的なシステムになる。ところが自然界の仕組みはそうなっていない。システムは各個体で完結せず、排泄物や死骸は、生きる糧を他の生物に与えながら生態系に組み込まれている。同様に人間集団の新陳代謝も、他集団との関係を抜きには理解できない。外部集団も視野に入れて、複数の集団が構成するシステムに視点を移すと、犯罪が果たす積極的な役割が見えてくる。

外部がなければ内部は存在しない。まずは、この単純な事実を思い出そう。戦争が勃発するやいなや、それまで国内を分裂させていた階級間の確執・宗教対立・地域紛争などが跡形もなく消え、国民全体が一枚岩になって敵に対抗する。それは、国内の矛盾から人々の目をそらすために国家権力がしばしば用いる手段でもある。外敵の対立項として〈我々集団〉が構成される。同一性が初めにあるのではない。その反対に、差異化の運動が同一性を後から構成する。

反植民地闘争を経て多くの国家が誕生し、国内統一が達成された。フランス植民地主義に対抗する過程で、〈アルジェリア人〉が生まれた。国と言えば藩を意味していた時代から、近代国家として統一され、〈日本人〉という同一性ができた契機として、欧米列強の脅威が果たした役割を思い起こそう。

イスラエルもそうだ。言語・宗教・習慣・身体的特徴など、多様な人々が集まるにもかかわらず、単一民族として表象される背景に〈外部〉の存在がある。長い歴史を通して差別され続け、現在もアラブ諸国という外敵に包囲されるユダヤ人。イスラエルの歴史家エリ・バルナヴィは、「ユダヤ人国家樹立の最も強い原動力となったのはヒトラーだ」と喝破した。集団誕生のからくりが、この言葉に集約されている。「反ユダヤ主義者は我々の最も確かな友人であり、反ユダヤ主義の諸国は我々にとっての友好国だ」と、テオドール・ヘルツルが書簡に記したように、シオニズム指導者は反ユダヤ主義を利用した。アフリカの民族成立の背景にも、植民地主義政策が生んだ〈外部〉構造がある（小坂井 二〇〇二）。

社会の内部においても、同じ差異化メカニズムが働く。フランスの思想家ルネ・ジラールは、社会成立過程の中心に排除の構造を据えた。スケープ・ゴートを捏造し、共同体から排除する行為や儀式を繰り返しながら、社会は維持される。同一性が内包する論理からして、異分子のいない社会の建設は原理的に不可能だ。どんな社会でも異邦人・少数派・犯罪者を内部に抱える。彼らは我々の外部にいるのではない。異分子のいない社会では、人間は生きられない。彼らの存在こそが、人間の同一性を生み出す源泉だからだ。スケープ・ゴートのおかげで秩序が維持される仕組みは現在も変わらない。各時代・文化の世界観に応じて、犯罪のシンボルとして選ばれる対象が変遷するだけである。

4　善悪の基準

善悪の基準は各時代・社会に固有な世界観の表明であり、普遍的価値は存在しない。この点をもう少し考えよう。裁判は法律に基づいて営まれる。しかし、その法律とは何なのか。なぜ人を殺してはいけないのか、強姦してはいけないのか、他人の所有物を盗んではいけないのか。

主権の論理

近代以前では、世界秩序の根拠を神や自然に求めていた。殺人が悪なのは、神がそう定めたからだ。普遍的価値が存在し、それに違反するからだ。こう考えられてきた。

しかし、〈個人〉という自律的人間像を生み出した近代は、人間を超越する神や自然という〈外部〉に社会秩序の根拠を投影せず、共同体の内部に留まったままで、社会秩序を正当づけようと試みる。神や自然の権威を認めなければ、人間の世界を司る道徳や法は人間自身が制定しなければならない。しかし、人間が善悪を判断する以上、どのような秩序を選んでも、それが正しい保証はない。そこで、社会秩序を正当化する根拠として主権概念が持ち出される。何が正しいかと問う代わりに、誰が正しさを定めるべきかと問うのである。

近代初期に主権概念が政治哲学の論議に導入された際、問いの立て方が完全に変化した。それ以降は、ある権力が正しいかどうかを問う（つまり、権力の存在をその道徳的内容から判断する）のではなく、命じる権力が誰に属すか、そして、その権力がどのように付与されたかが問題になる(Spitz, 2001)。

正義の内容を定めるのは主権者であり、主権者が宣言する法が正義を定義する。殺人を犯罪と認めるのは、主権者がそう判断するからであり、それ以外の根拠はない。主権者が殺人を善と定めれば、その社会において殺人は善である。

法が正義なのであり、正義の定義を他の抽象的内容に帰することはできない。なぜならば、まさしく正義の内容を法が定めるからだ。ある者は奴隷であり、他のある者は主人だと主権者の意志が宣言するならば、それが公正の定義である(Mairet, 1997)。

皆が勝手な行動を取れば、紛争が絶えない。したがって全員が守るべき規則を決める必要がある。どのような原理に基づいて多様性を束ねるか、〈多〉から〈一〉へ還元するか、これが主権の根本問題だ。

市民間の闘争を回避するために、ホッブズが考えた手段は、リヴァイアサン(=Commonwealth 国家)への全権力委譲だった。社会構成員がほぼ均等な力を持っていれば、自分の欲望を満足させようとして、お互い死闘を繰り広げる。したがって平和共存のためには、絶大な権力をただ一人の君主あるいは少数の代表者に集中し、その意志に市民が絶対服従する状態を作り出せばよい。

ホッブズの論理構造において、正しさの根拠は内容に求められない。主権者が行う選択が正しさの定義だ。しかし、ここで注意しよう。国家の統治者として君主・代表者が主権者の位置に置かれているが、王権神授説に基づく絶対王政と混同してはならない。ホッブズ社会契約論の本質は、次の章句に集約されている(『リヴァイアサン』)。

ある人間に対して、汝も同様に自らの権利をすべて放棄し、彼がなす如何なる行為をも汝が受け入れる条件の下に、我自身を統治する権利を我も彼に与えよう。〔……〕偉大なリヴァイアサン〔……〕はこうして生み出される。

近代になって、単に主権が神や王から人民に移行したのではない。中世の神は社会の〈外部〉に位置し、数学の公理と同様に、その正しさに疑問を挟まない究極の根拠をなしていた。絶対王制といえども、最終的正当性は自己の内部に定められない。どんな制度にせよ、自己正当化のためには、それ以上思考を遡らせない起点を想定する必要があるからだ。近代以前においては、神と呼ばれる〈外部〉が、その役割を果たしていた。しかし、神の権威に依拠して自己正当化すると、キリスト教世界を司るローマ法王の干渉を避けられない。そこで練り上げられた理屈が、統治権を神から直接授かったという物語だった。

それに対し、ホッブズ契約論が定める主権者は社会の〈外部〉に最初からいるのではない。この点を見落とすと、近代が孕む決定的な問題性に気づかない。人民の選択が正しいという保証はない。人間自身が生み出した規則にすぎないという事実を知りながら、どうしたら道徳や法の絶対性を信じられるのか。人間が決めた規則でありながら、人間自身にも手の届かない存在に変換する術を見つけなければならない。

ホッブズの解決はこうだ。引用した章句をもう一度注意深く読もう。社会契約が結ばれるのは各構成員の間であり、国家を具現する君主・代表者と各構成員との間にではない。主権を保持する君主なり代表者が先ずいて、その主権を確認するために、彼らと各構成員との間に契約が結ばれるのではない。共同体を生み出す際、主権者の位置におかれるべき人間を除いて、残るすべての個人から権利が完全に剝奪される。その時、主権者は共同体の〈外部〉へ人工的にはじき出される。

これにより君主・代表者は、伝統社会における神と同じ機能を果たす。〈外部〉に位置する存在が、数学の公理のように、異論を挟みえない絶対的根拠をなし、共同体の法を根拠づけるという論理構造だ。神という超越的存在に依拠しなくとも、共同体構成員の誰にも手の届かない〈外部〉が、こうして生み出される。

ホッブズの立場をよく理解した上で、ルソーは鋭い批判を投げかける。共同体の〈外部〉に主権者をおく解決では、共同体構成員と主権者とが完全には同一化されず、両者の間に距離が残る。主権者が抱く意志と、人民の意志は二つの別の存在だ。それでは、真の意味での国民主権は成就されない。君主に判断を任せる以上、人民は自律していない。神と呼ばれる〈外部〉に社会秩序の根拠を求める道を捨て、あくまでも個人の権利から出発したホッブズを高く評価しつつも、彼の理論の不徹底さをルソーは批判する。そして、共同体の〈外部〉に一歩も出ることなく社会秩序を正当化するという個人主義主権論を極限まで突き詰める。

しかし結局、社会契約を支える根拠として、各構成員の私的意志を超越する、「一般意志」(volonté générale)という〈外部〉を彼も導入せざるをえなかった。法や命題を正当化するためには、究極的根拠としての〈外部〉が必要だからだ。

三権分立論の射程

ホッブズもルソーも、社会秩序を正当化する根拠として主権のありかを探った。しかし、神という虚構を斥けながらも、同じ機能を果たす〈外部〉を構成しようと試み、結局、両者とも失敗した(ホッブズとルソーの違い、それからルソー思想と全体主義の関連については、小坂井 二〇〇八)。どんな論理体系も自己完結しない。システムを完全に閉じることは不可能だ。根拠を立てようとすれば、ではその根拠を正当化する根拠は何なのかという問いが繰り返されざるをえない。主権をどこかに定める試みは、こうして無限遡及に陥る。合理的・意識的・人工的に〈外部〉を生み出そうとする社会契約論は必ず敗北する。

モンテスキューは彼らとまったく異なる発想をする。人民主権を打ち立てようとするホッブズやルソーは、自由の源泉となる権利・根拠を求め、自由を保証する権力構造を模索した。モンテスキューは逆に、権力こそが人間の自由を阻害する原因だと考え、どんな権力をも抑止する方法を探した。これが三権分立という思想の核心だ。

主権を立てる発想は、社会秩序を根拠づけ、正当な権力構造を実体的に取り出そうとする。しかし根拠はどこにも存在しない。個人の自由を保証し、社会秩序を維持する方策を、モンテスキューは権力間における妥協の産物として理解した。そのおかげで、解決不可能な主権問題を迂回する。実体的主権者の代わりに、モンテスキューが思いついたのはメカニズムとしての政治機構だ。根拠に支えられた権力主体ではなく、メカニズムとしての秩序維持装置は、変化する社会状況を司る動的システムである。裁判所の役割に関する箇所を『法の精神』から引こう。

> 常設された元老院に、裁く権利を与えてはならない。人民の集団から選ばれる人々によって構成され、法の定めるところにしたがい、一年のうち必要な期間だけ設置される裁判所によって、裁く権利は行使されなければならない。

そうすることで、人間にとって非常に恐ろしい結果を意味する裁判権が、ある特定の身分や特定の職業だけに付与されず、いわば目に見えない無に等しいものとなる。裁判官が

目の前にずっといる状態がなくなる。人が畏敬すべきは裁判であり、裁判官ではない。〔強調小坂井〕

職業裁判官を斥け、市民陪審員を起用せよとモンテスキューは説く。それは主権者を制定し、そこに懲罰権の正統性を据えるルソーも同じだ。しかし両者の発想はまったく異なる。ルソーにとっては、人民に主権がある以上、人民が裁判権を行使するのは論を待たない。モンテスキューは逆だ。人民主権であろうが何であろうが、それが権力である限り、必ず危険を孕む。したがって、権力がお互いを牽制し合って、「目に見えない無に等しい」状態になるのが望ましい。後に、スミスが『国富論』で提唱する「見えざる手」の発想に似ている。有名な章句を引用しよう。

見えざる手によって人は導かれ、自分の意志とかけ離れた目的を果たす。そして、この目的が意識されない事態は社会にとって悪いことではない。社会全体の利益のために働こうと意識するよりも、自分の私的利益だけを求めながら人はしばしば、ずっと有益な役割を果たすからだ。

主権のありかを規定し、正しい世界を合理的に構成しようと試みるホッブズやルソーと袂を分かち、モンテスキューやスミスは、人間の意志を超える自律システムとして社会を捉える。

無から根拠を生む錬金術

前近代において、社会秩序は神の摂理の表現だった。近代は、宗教的世界観から人間を解放し、自由な個人という新しい人間像を生み出した。しかしまさにそのために社会秩序の根拠が失われてしまう。何が正しいのかという問いに答えがありえないと悟った人間は次に、では正しさを決めるべきは誰なのかと問いを代えた。しかし、この試みも失敗に終わったことはすでに確認した通りだ。どんな形であれ、根拠の定立は無理だからである。では根拠がないのに、社会秩序はなぜ安定するのか。

普遍的価値は国会審議や国民投票によっては生まれない。多数決どころか、全員一致で採用される場合でも、人間がなした議決にすぎないという事実が意識される以上、道徳や宗教のような確固とした信頼は得られない。人間が定める法に、物理法則のような客観性を与え、制定者である人間から遊離した存在に高める必要がある。そんなことが可能なのか。

『法・立法・自由』において、オーストリアの経済学者フリードリヒ・フォン・ハイエクは世界の事物を、①生物・山野などの自然物、②自動車や船など、人工的に製作されるモノ、③

言語・道徳・宗教・市場など、人間によって生産されながらも、人間自身の意図や制御を超え、自律的に機能する産物、という三種類に分類した。社会制度や集団現象は、意識や意志を持つ主体ではない。にもかかわらず、人間を超越し、自律運動する。それは何故か。

こんな例がわかりやすいだろう。火事だと誰かが叫び、劇場でパニックが起きる。踏みつぶされないようにと、誰もが逃げ道を探す。しかし、人間の雪崩を生み出しているのは、まさしくその逃げ惑う人々自身だ。皆が逃げるからこそ、誰も逃げられないという逆説的な状況が起きている。危険はすでに去ったと知ってもパニックは容易に収まらない。逃げる必要がないと悟っても、周りの人々が逃げ続けるから、私も逃げ続けなければならない。そうしないと踏みつぶされてしまう。しかし私が逃げれば、隣人も逃げざるをえない。結局、皆、逃げ続けるしかない。誤報だったと全員が知ってもパニックは収まらない。危険はないと私も隣人もわかった。しかし、その事実を隣人が知っているかどうか、私には不確かだ。だから逃げざるをえない。隣人も同じだ。危険が去った事実に私がまだ気づいてない可能性がある。だから逃げる方が安全だ。こうして、逃げる必要はないと全員が思いながらも仕方なしに皆、逃げ続ける。

この例でわかるように、根拠がなくとも、集団現象はいったん動き出すと、当事者の意志を離れて自律運動を始める。社会現象を起こす原因は人間の営為以外にないという言明と、その現象が人間自身にも制御できないという事実との間には何の矛盾もない。社会＝全体の軌跡は、構成員＝要素の意識や行為から遊離し、外部の力が作用するような感覚を生む。責任・道徳・経済市場・宗教・流行・言語など、様々な集団現象はこのように機能する。

人間が作り出しておきながら、人間自身にも手の届かない規則がこうして生成される。社会秩序は〈外部〉として我々の意識に現れるおかげで安定する。誰かが勝手に捏造したものではなく、普遍的価値を体現し、根拠に支えられた秩序のごとく現れる。共同体構成員の相互作用が、真・善・美の出現を演出する。無から根拠が生まれる錬金術がここにある。

社会秩序は自己の内部に根拠を持ちえず、虚構に支えられなければ根拠は成立しない。しかし同時に、社会秩序が様々な虚構のおかげで機能しているという事実そのものが、人間の意識に対して隠蔽されなければ、社会秩序が正当なものとして我々の前に現れない。つまり虚構の成立と同時に、その仕組みが隠蔽される必要がある。真理はどこにもない。虚構であるにもかかわらず、現実の力を発揮できると主張するのではない。虚構こそが真理の正体なのだ。

なぜ、真理の虚構性が暴露されないのか。この問いに答えるのは容易ではない。稿を改めて、私論を展開する機会があるだろう。ここでは次の思考実験(Dupuy, 1982)を頼りに、世界の根源的な虚構性を示唆するにとどめよう。

箱の中に黒玉と白玉が一つずつ入っている。中を見ないで箱から玉を一つ取り出した後、同じ色の玉を一つ加えて箱に戻す。黒玉を引いたなら、箱の中身は黒玉二つと白玉一つになる。

この作業を何度も繰り返す。最初は玉が二つしかないから、黒玉を一つ加えるだけで、箱の中の黒玉の割合は五〇％から六六・七％へと大きく変化する。しかし、すでに玉が一〇〇個入っている箱に新たに玉を一つだけ追加しても状況はほとんどかわらない。作業が進むにつれ、以前から箱にあった黒玉と白玉の割合に対して付け加えられる新情報の相対的重要性はどんどん小さくなる。単純化されてはいるが、これは人間や社会に蓄積される記憶・情報のモデルだ。

さて実験を行うと、黒玉と白玉の割合は一定の値に収斂する。まるで世界秩序が最初から定まっており、「真理」に向かって箱の世界が進展を遂げるかに見える。しかし、白玉と黒玉一個ずつの状態に戻して実験をやり直すと、黒玉と白玉の割合が今度は先ほどと違う値に収斂する。今回も定点に収斂してシステムが安定するのは同じだ。しかし箱の世界が向かう真理は異なる。

どんな値に収斂するかを前もって知ることは誰にもできない。歴史が実際に展開されるまでは、どんな世界が現れるかわからない。しかしそれでも真理は発露する。我々の世界に現れる真理は一つであっても、もし歴史を初期状態に戻して再び繰り広げることが可能なら、その時にはまた、異なった真理が出現することだろう。歴史はやり直しが利かない。そのおかげで我々は真理を手に入れる。真理・偶然・一回性・超越・意味・集団性、結局は同じことを指す。

歴史変遷に法則はない。歴史は実際に生ずることでしか、その姿は明らかにならない。しかしそれは、人間という自由な存在が、世界のうねりに楔《くさび》を打ち込みながら、歴史を自主的に紡ぎ出していくからではない。社会は人間から遊離して自律運動するからだ。

「神々を生み出す装置」という、フランスの哲学者ベルクソンの表現がある。人間社会のことだ。デュルケムは言う(Durkheim, 1924)。

> カントは神の存在を前提する。この仮説なしに道徳は理解できないからだ。我々は、社会が個人とは別の存在であることを前提する。そうしなければ、道徳の根拠が失われるからだ。義務を結びつける拠点がなくなるからだ。〔……〕現実の世界において我々以上に豊かで複雑な道徳的実在性を持つ主体は、私には一つしか見つからない。それは集団だ。いや私はまちがっているかもしれない。同じ役割を果たしうる主体がもう一つある。つまり神だ。〔……〕しかし、どちらを選ぶかに私はあまり感心がない。何故なら、社会が象徴的に把握され、変貌したものが神に他ならないからだ。〔強調小坂井〕

神の死によって成立した近代でも、社会秩序を根拠づける〈外部〉は生み出され続ける。根拠と呼ばれる虚構が失われる世界に、人間は生きられない。

結論に代えて――〈正しい世界〉とは何か

共同体の原罪

西洋諸国の裁判制度では市民が主導権を握る。この事実確認から本書の検討は始まった。裁判官よりも市民の判断の方が正しいからではない。事件の種類・犯行状況・被告人の育った環境などに応じて、素人市民と職業裁判官は異なる判断をするだろう。しかし、そのどちらが正しいのかはわからない。検察と弁護側双方を公平に扱い、どちらの主張が説得力を持つかを市民陪審員が吟味する英米方式も、市民が下す決断が真実の定義だとするフランス方式も、事件の真相は神のみぞ知るという前提の下、判決を正当化する政策として練り上げられてきた。裁判は、真理を発見する科学ではない。〈真実〉を定める政治行為だ。

　冤罪事件が明るみに出るたびに、捜査機関や裁判所が非難される。しかし冤罪を糾弾するだけでは問題の核心に迫れない。冤罪には構造的な原因があり、ある一定の頻度で必ず起きる事故だ。

　捜査活動や裁判制度はどうあるべきかという規範的議論を本書はしなかった。人間の意志から遊離する〈外部〉が価値を規定するならば、どの制度が正しいかという問いに内在的な答えはない。その代わりに、人間は実際どう生きているか、社会はどう機能しているか、犯罪の構造・意味は何かと自問した。

犯罪に対する処罰はどうあるべきか、裁判員制度をどう評価するかという問いを軽視するのではない。癌に罹った患者がいるとしよう。外科手術をして腫瘍を取り除くか、あるいは化学治療か放射線治療を行うべきか。どの方法を選択するかは、患者当人にとっても、治療に携わる医師にとっても重要だ。しかし忘れてはならない。人間は生き物だ。癌が治癒しても、いつかは必ず死ぬ。この厳然たる事実の前に我々はどうするか。本書が誘ったのは、このような問いだ。捜査方法や裁判制度の欠陥を検討することは大切だ。しかし、そのような具体的問題を超えた、もっと根源的な問いがある。

人が人を裁くことの意味を見つめ直そう。ほんの小さなきっかけで、普通の人間が殺人を犯してしまう。精神科医として東京拘置所に勤めた経験を持つ作家・加賀乙彦は、この事実に注目し、「悪魔のささやき」と表現する。すんでのところで犯罪行為を踏み留まる者もいれば、一線を越えて罪を犯し、投獄される者もいる。同じ社会環境の下で育っても、ある者は人を殺し、他の者はそうしない。

しかしそれは、犯罪者とそうでない者とを分け隔てる何かが、各人の心の奥底にあるからではない。因果関係が逆だ。実際に行為に走った者には、もともと殺人者の素地があったと我々は後から信じ、またそのように本人が思い込まされるのである。人間は意志に従って行動を選び取るのではない。逆に、行動に応じた意識が後になって形成される。警察の厳しい取調べの下、犯行動機が後から作られる。また、服役生活において罪を日々反省する中で、犯行時の記憶が一つの物語としてできあがる。

釈放されても、前科のある者は再就職に苦労し、伴侶を見つけるのも難しい。そのような生活の困難、将来への絶望、世間への恨みが再犯へと導く。ほとんどの人間は、犯罪者の素質があったから犯罪者になるのではない。まるで単なる出来事のように、本人の意志をすり抜けて犯罪行為が生ずる。しかしそこに社会は殺意を見いだし、犯人の主体的行為と認定する。お前は自由意志で犯罪を行ったのだと社会秩序維持装置が宣言する。

逮捕されて罰を受けるのは誰なのか。犯人という概念がすでに問題を孕んでいる。犯人とは、社会秩序維持のために必要なスケープ・ゴートだ。したがって、人を裁くということは、誰かを犠牲にすることを意味する。実は裁き自体が犯罪行為なのだ。しかし、それは人間の原罪であり、「裁く」=「スケープ・ゴートとして犠牲者を出す」という社会制度は絶対になくせない。悪と映る行為に我々は怒り、悲しむ。そして犯罪を罰し続ける。

議論を尽くすことは大切だ。しかし、どこまでいっても究極的な根拠は見つけられない。この答えが最も正しいと、今ここに生きる我々の眼に映るという以上の確実性は、人間には与えられていない。判断基準は否応なしに歴史・文化・社会条件に拘束される。道徳や規範は、正しいから守られるのではない。共同体に生活する人々が営む相互作用の沈殿物だから、それを正しいと形容するだけだ。その背景には、論理以前の世界観が横たわっている。倫理判断は合理的行為ではない。信仰だ。だからこそ、道徳・社会規範は強大な力を行使するのである。

人が人を裁くことの恐ろしさ、そして切なさを前に、我々はどうすべきか。犯罪を減らし、より良い世界を作り上げようと努力し、正義の実現を願う。しかし、善かれと思ってすることが、かえって仇となる事実に我々はもっと敏感になるべきだろう。正しい答えは人間の世界に存在しない。複雑な問題に対して簡単な答えを求めてはいけない。重要な問いほど、確実な答えはない。

全体主義に対する防波堤

ここで我々は発想を転換すべきだろう。大切なのは、世界の正しさを常に疑う可能性をどう確保するかだ。

西洋の哲学はどれもプラトンの脚注にすぎないと言ったのは、イギリスの哲学者ホワイトヘッドだ。二五〇〇年前にすでに基本的問いが提示され、答えもほぼ出尽くしているならば、なぜ我々は考え続けるのか。なぜ先達が格闘した問いに改めて立ち向かうのか。古典を繙く重要性は、答えがそこにあるからではない。常識を崩すための問いがあるからだ。

生老病死・存在・時間・愛・悪など、どのテーマをとっても究極的答えがあるとは思えない。だが、正しい答えが存在しないから、正しい世界の姿が絶対に判らないからこそ、人間社会のあり方を問い続けるべきではないのか。無理と判っていても、理想目標に向かって努力せよと言うのではない。真理は過去になかったし、未来にもない。人間の堕落ゆえに古《いにしえ》の知恵が覆われたのでもなければ、歴史を重ねるにしたがって普遍に近づくのでもない。

もし真理が存在するならば、見つかった真理を大切に次世代に伝えてゆけばよい。善悪の基準や正義が普遍性に支えられているならば、それらを忘れないように努力すればよい。文明が進歩して、いつか真理に到達できるなら、それを目指して研鑽すればよい。しかし真理はどこにもない。正しい社会の形はいつになっても誰にもわからない。だからこそ、現在の道徳・法・習慣を常に疑問視し、異議申立てする社会メカニズムの確保が大切なのだ。

良識と呼ばれる最も執拗な偏見をどうしたら打破できるか。なるほどと感心する考えや、学ぶべきだと納得される長所は誰でも簡単に受け入れられる。しかし、自分に大切な価値観、例えば正義や平等の観念あるいは性タブーに関して、明らかにまちがいだと思われる信念・習慣にどこまで虚心に、そして真摯にぶつかれるか。自己のアイデンティティが崩壊する恐怖に抗して、信ずる世界観をどこまで相対化できるか。古典を繰り返し学ぶのは、先人の思想が正しいからではない。常識から目を覚ますために古典を繙き、そこで新たに自分自身と向き合うのだ。

　正義が成就された未来社会での話。裁判の場面を思い浮かべよう。理論武装した検察官が被告人を責める。滔々と展開される深遠な批判に対して、蒙昧な被告人は一言も反駁できない。この検察官はキリストかも知れない、ソクラテスかカントかも知れない。その時、「でも、どこかおかしい。うまく言えないが、そんな世界は嫌だ」と、〈正義の声〉を拒否する可能性をどうしたら残せるか。

　民主主義の精神は多数派の暴力とは違う。誤りだと思われる意見や、社会にとって有害にみえる逸脱者に対して、どれだけ寛容になれるかが民主主義の要諦だろう。少数派や逸脱者の権利を保護せよと言うのではない。彼らの存在が全体主義から世界を救うのだ。無用の用という老子・荘子の箴言もある。今日の異端者は明日の救世主かもしれない。〈正しい世界〉に居座られないための防波堤、これが異質性・多様性の存在意義だ。

　中世の宗教裁判や魔女狩り、ナチス・ドイツ、ソ連、そして中国の文化大革命も、正しい世界を作ろうとした事実を忘れてはならない。正しい世界の構想を誤ったのではない。普遍的真理や正しい生き方がどこかに存在するという信念自体が危険なのだ。「地獄への道は善意で敷き詰められている」という格言を思い出そう。敵は我々自身だ。

日本の未来

犯罪は共同体に対する侮辱であり、反逆だ。秩序が破られると、社会の感情的反応が現れる。それを処理して秩序回復を図る装置が、国家主宰の裁判であり、マスコミや世間が行う私刑だ。垂直方向に作動する法的制裁と、水平方向のベクトルを持つ村社会的けじめという、逸脱行為に対する二つの反作用はどの国、いつの時代でも共存する。しかし、これら二種類の懲罰反応が現れる比重は、各社会の人間関係のあり方に応じて異なる。

ヨーロッパ中世では、ギルド・教会・村落共同体など中間組織が逸脱者を懲罰してきた。ところが近代は中間組織を解体し、国家に権力を集中する一方、集団から解放された個人群を生み出す。西洋個人主義は、この二極化によって成立した。この動きに伴い、懲罰権の国家独占も進行する。対して日本では、個人主義を生み出す方向に近代化は進まなかった。そのため、国家が管轄する法律に則った処罰以外にも、中間組織や世間が行使する私的制裁は依然として勢力を保っている。

裁判員制度導入により、司法への市民参加を実現すると言う。しかし実はすでに日本人は広義の司法に十分参加している。ある意味では、参加しすぎるほどだ。地方の新聞配達員が犯罪に及ぶと、東京にある新聞社本社の責任者が謝罪する。教員が飲酒運転や痴漢で検挙されると、校長や学長が記者会見を開いて頭を垂れる。飲酒運転も性犯罪も当人の私生活上の出来事であり、企業や学校組織が管理する問題ではない。これらの行為を制御する手段は会社にも学校にもない。それでも謝罪を表明しなければ、世間が赦さない。

凶悪犯罪が起こると、両親・兄弟姉妹・子供にまで世間の糾弾は達する。親は我が子の罪を自ら背負い、一生かけて償う覚悟を決める。自分の子を犯罪者に育てようとする親はいない。被害者の遺族以上に辛い試練かもしれない。しかし世間は彼らを村八分にし、社会から抹殺する。

二〇〇八年に起きた秋葉原無差別殺傷事件の両親は、息子の行為に対してテレビ・カメラの前で謝罪した。犯人は成人だ。それでも罪の一端を親が引き受けねばならないのか。一九七二年の連合赤軍事件の後、赤軍メンバーの親は、世間やマスコミから責められて、仕事をやめたり、引っ越しを余儀なくされたりした。自殺した親もいる。

一九八八年から八九年にかけて関東地方で起きた幼女連続殺人事件の犯人(死刑判決が下り、すでに執行)の場合も、家族は離婚・退職し、結婚間際だった妹は破談に追い込まれた。改姓した親族もいる。住み慣れた町を離れ、行方を隠した人もいる。被害者遺族への慰謝料を支払うため、父親は所有する土地を売り払い、事件から五年後に自殺した(『中日新聞』二〇〇六年一月一八日夕刊)。

二〇〇八年、岐阜県の短期大学生六人が、イタリアのフィレンツェで大聖堂の壁に落書きし、マスコミを賑わせた。世界中の旅行者がたくさん落書きしている。どの観光地でも見られる日常茶飯事だ。しかし日本社会の反応は違った。落書きした女子学生のうち一人が、学長に伴われてフィレンツェを訪問し、市長や大聖堂の関係者に謝罪する。泣きながら謝る学生を市役所側が逆になだめる一幕もあった。研修旅行中の出来事だったとはいえ、学長が外国まで出かけて謝罪するなど、西洋の常識からは異様な光景と映る。

スポーツの世界でも同じ場面を見る。柔道の世界大会で優勝できなかった息子の代わりに、テレビ・カメラの前で父親が土下座する。コーチでもない父親が敗北の責任を感じ、「息子を許して欲しい」と目に涙を浮かべて地面にひれ伏す姿は美談だろうか。このような反応が現れるのは、それを期待する世間があるからだ。

原理主義が世界を浸食しつつある。日本も全体主義の嵐が吹き荒れた頃から、まだそれほど経っていない。あの狂気にまみれた同質性は、すでに過去の遺物になったのだろうか。あの異端者狩りの光景は、歴史に起きた偶発事だったのか。

画一的で個性がないとは、日本人自身が繰り返し反省してきた自己像だ。しかしそれは、よく言われるような主体性の欠如が原因ではない。移り変わりが激しい流行も、単に他人を模倣するのではなく、本当に素敵だと感じるから、自主的に取り入れているにちがいない。しかし、同じ〈良いもの〉に皆が引きつけられ、結局、社会全体が均一化に向かってしまう。美意識にせよ倫理観にせよ、良いものの基準が社会的に強く規定されるために、より良いものを求めようという、本来好ましいはずの向上心が、かえって仇になる。だからこそ問題がよけい厄介なのだ。より良い生き方を目指そうとする時点ですでに我々は、誤った道を踏み出しているのではないだろうか。

あとがき

本書が投げかけた問いは重い。裁判員として判決を下す市民は、どうすればよいのか。しかし、書物を読めば答えがわかるという安易な考えを先ず捨てなければならない。答えはどこにもない。答えが存在しない問いに、それでも我々は正対し、自分自身の解決を探すしかない。

どうしても解けない問題は世の中にたくさんある。なぜ貧困家庭に生まれたのか、なぜ身体に障害を持って生まれてきたのか、なぜ美人に生まれなかったのか、なぜ、こんなに若いのに死ななければならないのか、なぜ他でもない我が子が殺されねばならなかったのか。

誰にでも起こりうる不幸ばかりだ。これらの問いにどう答えるか。貧富の差を減らす政策を練る、身体障害者を差別しない文化を普及する、バリア・フリー環境を整備する、人間の価値は美醜では決まらないと説く、難病を克服するために医学を発展させる、防犯教育を充実させるとともに、法制度の厳罰化を通して犯罪防止にいっそう努める……。しかし、そのような答えでは問題の本質に到底届かない。高橋和巳の小説『邪宗門』に、こんな説教の場面が出てくる(傍点とルビは原文)。

教団には三行、四先師、五問という根本要諦《ようてい》があろう。その五問というのは、特別教育をうけられたわけでもない開祖が、ご自身の経歴に即して、自分自身でものを考えられはじめたことを記念したものじゃ。〔……〕日本民族は頭のいい人種だという。明治維新以降だけを考えても、頭のいい人は山といた。それなのになぜ頭のいい秀才が世なおしのことを考えず、愚直な一婦人が秀才にできぬことをなそうとしたか。それは秀才たちがヨーロッパからいろんな制度や文物や理論をまなび、木に竹をつぐようにしてその結論だけを移植しようとしたのにたいして、開祖は解決ではなくすぐれた疑問を、自分自身で提出されたからだった。人の解決を盗むのはやさしい。カントがどう言ったかヘーゲルがどう言ったか、博引旁証《はくいんぼうしょう》の才は山といよう。思想とはなにか思惟《しい》とはなにか、それぞれの哲学者の言葉を引用して、それぞれに答えよう。だが、「思うとは自分のどたまで思うこと」ということを日本人はまず肝に銘じねばならぬ。でなければ日本人はかつて禹域《うき》〔中国〕に内面的に従属し、今またヨーロッパに追従《ついしょう》するように、永遠に利口な猿となりはてるであろう。

数学をはじめとして、問題に答えが存在するかどうかを知るのは決定的な意味を持つ。答えが存在する保証があれば、今は見つからなくとも、試行錯誤するうちにいつか見つかるにちがいない。何世代かかってもよい。いつか誰かが答えを見つけるだろう。しかし答えが存在しなければ、いつまで考えても問題は永久に解けない。ならば、問い自体を見直す必要がある。答えが存在しないことを示すのも重要な仕事だ。仏教の説話がある（長尾 一九六七を参考にした）。

我が子を失って悲観にくれる若い母親がいた。人々は同情し、ゴータマ・シッダールタという高僧に頼めば、奇跡を起こして子供を生き返らせてくれると勧める。希望を見いだした母親は、死んだ子供を抱いて仏陀に会いに行く。「村へ帰って芥子の実を貰ってきなさい」。彼女は喜んで走り去ろうとする、その時、「ただし、死者を出したことのない家から貰っておいで」と仏陀は付け加える。村に戻った彼女に、村人は喜んで芥子粒を差し出す。しかし身内を失ったことのない家は見つからない。希望を捨てずに尋ね歩くうちに、彼女にも仏陀の言葉の意味が分かってきた。村をまわり終わった時には、彼女の悲哀は鎮まり、すがすがしい気持ちになっていた。

この説話に倣って本書でも、袋小路の入り口を順に塞いでいった。常識の光で照らし続けても答えは見えてこない。その方向にいくら歩いても出口はない。裁くという行為は人間存在の根幹をなす。生老病死がそうであるように、大切な問いほど答えはない。説話のように、解決はおそらくメタレベルからやってくる。読者が自分自身で考えるための材料が提供できたならば、本書の使命は果たされたと思う。

上に引用した章句が二つとも宗教の教えであるのは、偶然でないだろう。論理で考えても出口が見つからない時、人は宗教にすがる。パスカルの有名な言葉がある。

法の依拠するところをよく調べようとする者は、法がはなはだ頼りなく、またいい加減であることに気づくだろう。〔……〕国家に背き、国家を覆す術は、既成の習慣をその起源にまで遡って調べ、その習慣が何ら権威や正義に支えられていない事実を示して習慣を揺さぶることにある。〔……〕法が欺きであることを民衆に知られてはならない。法はかつて根拠なしに導入されたが、今ではそれが理にかなったものにみえる。法が正しい永遠な存在であるかのように民衆に思わせ、その起源を隠蔽しなければならない。さもなくば、法はじきに終焉してしまうだろう。

神を信じるパスカルが、何故このような相対主義を表明するのか。それは、人間の矮小さを厳しく指摘すると同時に、人間が自分の悲惨さを知る偉大な存在だとも説くように、人間世界への諦念と、それを超える可能性の希求とが、彼の心の中で複雑に絡んでいるからだ。信仰の必要は相対主義と矛盾しない。理性では世界を把握しきれないと絶望するからこそ、信仰に助けを求めるのだろう。

しかし、本当の解決を宗教がもたらすとは、今の私には思えない。人間社会のありのままの姿を見つめる勇気を持たず、道徳という名の怠惰な常識に安住し、勧善懲悪主義に逃げ込むのも、宗教が想定する〈外部〉虚構に身を委ねるのも、それほど変わらない欺瞞だという気がしている。死後の世界や神の存在を信じられない私は、他の方向に救いを求め歩み続けるしかない。

できるだけ論理的に書いたつもりだが、整地された道にも、へこんだ部分はあるし、小石も転がっている。それは技量不足だけが原因なのではなく、私自身が揺れているからだろう。醒めた叙述をしても、行間には感情の起伏が見え隠れしている。そこには必ず何か意味があると思う。だから、残滓を無理に整理しなかった。

フランスに住み始め、ちょうど三〇年経つ。北アフリカのアルジェリアにも三年近く暮らした。異邦人として生活しながら、少数派の意義をますます実感している。数年前にこんな事件があった。強制退去処分を受けた不法滞在アフリカ人が、パリ・ドゴール空港に移送され、旅客機の座席に縛り付けられた。そのとき、乗客十数人が警察のやり方に抗議して、シートベルト着用を拒否した。飛行機は離陸できない。結局、抗議者は全員逮捕され、警察署に連行される。その中に、パリ第八大学で勉強するマリ出身の女子学生がいた。それを知った学長は、彼女の救援活動を組織するよう全教員に要請するとともに、学生を警察署に引き取りに行った。

日本ではまず起こらない出来事だろう。国家権力に抗議してシートベルト着用を拒否した乗客も、学生の行動を即座に支持した学長も賞賛に値すると私は思う。日本なら逆に、学生を叱責し、警察に謝罪する学長の方が多いだろう。不法滞在者の強制送還に反対するのではない。どんなに正しい決定であっても、それに異論を唱える市民が必ずいる、この事実を佳話としたい。どんな秩序であっても、反対する人間が常に社会に存在しなければならない。正しい世界とは全体主義に他ならないからだ。

西洋の裁判制度を俯瞰したが、西洋に学べと言うのではない。そのような発想自体を考え直すべきだ。日本社会の国際化が叫ばれて久しい。しかしそれが、他国の人々との交流を通して良いところを学び、悪い部分は正すというような話で終わってはつまらない。国際化の恩恵は、有益な情報の入手などではなく、慣れ親しんだ世界観を見直す契機が与えられることだと私は思う。真の国際化とは、異質な生き方への包容力を高め、世界の多様性を受け留めることではないのか。正しいことは、どこにもない。この事実が受け入れられる時、個性を活かす世界が生まれてくる。対立や矛盾は否定的角度だけから見てはならない。異質性がもたらす豊かさを信じよう。

裁判制度を俯瞰した第Ⅰ部は、月刊誌『世界』(二〇〇九年四月号)に掲載された「人が人を裁くということ」を基に大幅に加筆した。編集部・伊藤耕太郎氏から寄稿のお誘いがなければ、本書を綴るきっかけはなかった。犯罪論を展開した第Ⅲ部では、『責任という虚構』の骨子を基本に、新しい展開をいくらか付け加えた。責任概念について、より詳しい検討に関心のある読者は前著を参照されたい。

編集担当の小田野耕明氏は、私が展開する論理を細部にわたって検討して下さった。特に第Ⅲ部の主張は、本書の中核をなすだけでなく、常識に真っ向から挑む内容であるため、真摯にぶつかって疑問を提示して下さった。本の体裁だけを整えて満足する編集者が少なくないと言われる昨今、著者の主張と自ら格闘する彼の誠実な姿勢に敬意を表し、その努力に感謝したい。小田野氏との対話のおかげで、私の立場はより明確になった。

本書を綴る過程で、統計資料の示唆や、原稿の一部を検討して下さった方々がいる。心より御礼を申し上げる。しかし私の考え、特に結論に賛成されるかどうか不明なので、氏名は伏せさせていただく。本書に不備な点や誤謬があれば、著者のみがその責を負うのは言うまでもない。

二〇一〇年冬　雪景色のパリにて

小坂井敏晶

引用文献

秋山賢三『裁判官はなぜ誤るのか』岩波新書，2002年
池上正樹『痴漢「冤罪裁判」 男にバンザイ通勤させる気か！』小学館文庫，2000年
榎下一雄『僕は犯人じゃない 土田・日石事件一被告の叫び』筑摩書房，1983年
小口千恵子「10分間のなぞ――事実認定上の問題」長崎事件弁護団編『なぜ痴漢えん罪は起こるのか』所収，現代人文社，2001年
加賀乙彦『悪魔のささやき』集英社新書，2006年
合田士郎『そして、死刑は執行された』恒友出版，1987年
河野哲也『環境に拡がる心 生態学的哲学の展望』勁草書房，2005年
小坂井敏晶『民族という虚構』東京大学出版会，2002年
小坂井敏晶『責任という虚構』東京大学出版会，2008年
後藤昭「裁判員制度をめぐる対立は何を意味しているか」『世界』2008年6月号，90–100頁
小浜逸郎『「死刑」か「無期」かをあなたが決める 「裁判員制度」を拒否せよ！』大和書房，2009年
コリン・P. A. ジョーンズ『アメリカ人弁護士が見た裁判員制度』平凡社新書，2008年
鈴木健夫『ぼくは痴漢じゃない！ 冤罪事件643日の記録』新潮文庫，2004年
東京三弁護士会合同代用監獄調査委員会編『ぬれぎぬ』青峰社，1984年
長尾雅人「仏教の思想と歴史」『世界の名著 大乗仏典』所収，中央公論社，1967年
中島義道『時間と自由 カント解釈の冒険』講談社学術文庫，1999年
中島義道『哲学の教科書』講談社学術文庫，2001年
浜田寿美男『自白の心理学』岩波新書，2001年
浜田寿美男『取調室の心理学』平凡社新書，2004年
浜田寿美男『自白の研究[新版]』北大路書房，2005年
福田平・大塚仁編『刑法総論[改訂版]』青林書院，1997年
堀田秀吾『法コンテキストの言語理論』ひつじ書房，2010年
丸田隆『裁判員制度』平凡社新書，2004年
村野薫『死刑はこうして執行される』講談社文庫，2006年

Administrative Office of the U. S. Courts：
http://www.uscourts.gov/Statistics/FederalJudicialCaseloadStatistics.

aspx

Asch, S. E., "Studies of Independence and Conformity : A Minority of One Against a Unanimous Majority", *Psychological Monographs : General and Applied, 70*, 1956.

Association Française pour l'Histoire de la Justice (AFHJ, Ed.), *La cour d'assises. Bilan d'un héritage démocratique*, La Documentation française, 2001.

Aubenas, F., *La méprise. L'affaire d'Outreau*, Seuil, 2005.

Baldwin, J. & McConville, M., *Negotiated Justice. Pressures to Plead Guilty*, Martin Robertson, 1977.

Baldwin, J. & McConville, M., *Jury Trials*, Clarendon Press, 1979.

Barnavi, E., *Une histoire moderne d'Israël*, Flammarion, 1988.

Bergson, H., *Les deux sources de la morale et de la religion*, PUF, 2003 [première édition : 1932].

Bertone, A., Mélen, M., Py, J. & Somat, A., *Témoins sous influences. Recherches de psychologie sociale et cognitive*, Presses Universitaires de Grenoble, 1995.

Bond, C. F. J. & Depaulo, B. M., "Accuracy of Deception Judgments", *Personality and Social Psychology Review, 10*, 2006, p. 214–234.

Castelle, G. & Loftus, E. F., "Misinformation and Wrongful Convictions", *in* S. D. Westervelt & J. A. Humphrey (Eds.), *Wrongly Convicted. Perspectives on Failed Justice*, Rutgers University Press, 2005, p. 17–35.

Christianson, S., *Innocent. Inside Wrongful Conviction Cases*, New York University Press, 2004.

Dennett, D. C., *Consciousness Explained*, Penguin Books, 1993.

Dupuy, J.-P. "Mimésis et morphogénèse", *in* M. Deguy & J.-P. Dupuy (Eds.), *René Girard et le problème du Mal*, Grasset, 1982, p. 225–278.

Durkheim, E., *Sociologie et philosophie*, PUF, 1924.

Durkheim, E., *Les règles de la méthode sociologique*, PUF, 1937.

Fauconnet, P., *La responsabilité. Étude de sociologie*, Alcan, 1928 (première édition : 1920).

Forst, B., *Errors of justice : Nature, Sources and Remedies*, Cambridge University Press, 2004.

Garrett, B. L., "Judging Innocence", *Columbia Law Review, 108*, 2008, p. 55–142.

Gazzaniga, M. S., *The Social Brain : Discovering the Networks of the Mind*, Basic Books, 1985.

Gazzaniga, M. S., *The Mind's Past*, University of California Press, 2000.

Geoffrey, P. A. & Jeffrey, J. N., "Lies, True Lies, and Conscious Deception. Police Officers and the Truth", *Police Quarterly, 12*, 2009, p. 237–254.

Gould, J. B., *The Innocence Commission*, New York University Press, 2008.

Gross, S. R., Jacoby, K., Matheson, D. J., Montgomery, N. & Patil, S., "Exonerations in the United States 1989 through 2003", *Journal of Criminal Law & Criminology, 95*, 2005, p. 523–536.

Hayek, F. A., *Law, Legislation and Liberty*, Routledge & Kegan Paul, 1979.

Hobbes, T., *Leviathan*, edited by Richard Tuck, Cambridge University Press, 1991.

Hodgson, J., *French Criminal Justice. A Comparative Account of the Investigation and Prosecution of Crime in France*, Hart Publishing, 2005.

Home Office Statistical Bulletin, *Criminal Statistics 2004, England and Wales* (19/05, 2nd Edition), RDS Office for Criminal Justice Reform, November 2005.

Inbau, F. E., Reid, J. E. & Buckley, J. P., *Criminal Interrogation and Confessions* (*the third edition*), Williams & Wilkins, 1986.

Inbau, F. E., Reid, J. E., Buckley, J. P. & Jayne, B. C., *Essentials of the Reid Technique. Criminal Interrogation and Confessions*, Jones and Bartlett Publishers, 2005.

Johnson, D. T., *The Japanese Way of Justice. Prosecuting Crime in Japan*, Oxford University Press, 2002.

Jouvenel, B. de, *Les débuts de l'État moderne. Une histoire des idées politiques au XIXe siècle*, Fayard, 1976.

Kalven, H. & Zeisel, H., *The American Jury*, Littre, Brown and Company, 1966.

Kaplan, M. F. & Martin, A. M. (Eds.), *Understanding World Jury Systems through Social Psychological Research*, Psychology Press, 2006.

Kassin, S. M. & Wrightsman, L. S., *The American Jury of Trial : Psychological Perspectives*, Taylor & Francis, 1988.

Kassin, S. M., Meissner, C. A., & Norwick, R. J., "'I'd Know a False Confession if I Saw One' : A Comparative Study of College Students and Police Investigators", *Law and Human Behavior, 29*, 2005, p. 211–227.

Koestler, A., *The Sleepwalkers*, Macmillan, 1959.

Lassiter, G. D., & Geers, A. L., "Bias and Accuracy in the Evaluation of Confession Evidence", *in* G. D. Lassiter (Ed.), *Interrogations, Confessions, and Entrapment*, Kluwer Academic/Plenum Publishers, 2004,

p. 197–214.

Leib, E. L., "A Comparison of Criminal Jury Decision Rules in Democratic Countries", *Ohiho State Journal of Criminal Law, 5*, 2008, p. 629–644.

Leo, R. A., "The Third Degree and the Origins of Psychological Interrogation in the United States", *in* G. D. Lassiter (Ed.), *Interrogations, Confessions, and Entrapment*, Kluwer Academic/Plenum Publishers, 2004, p. 37–84.

Leo, R. A., *Police Interrogation and American Justice*, Harvard University Press, 2008.

Libet, B., *Mind Time. The Temporal Factor in Consciousness*, Harvard University Press, 2004.

Lifton, R. J. & Mitchell, G., *Who Owns Death ? Capital Punishment, the American Conscience, and the End of Executions*, HarperCollins Publishers, 2002.

Loftus, E. F., *Eyewitness Testimony*, Harvard University Press, 1979.

Lombard, F., *Les jurés. Justice représentative et représentations de la justice*, L'Harmattan, 1993.

Mairet, G., *Le principe de souveraineté. Histoires et fondements du pouvoir moderne*, Gallimard. 1997.

Meissner, C. A. & Kassin, S. M., "You are Guilty, So Just Confess ! Cognitive and Behavioral Confirmation Biases in the Interrogation Room", *in* G. D. Lassiter (Ed.) *Interrogations, Confessions, and Entrapment*, Kluwer Academic/Plenum Publishers, 2004, p. 85–106.

Milgram, S., *Obedience to Authority. An Experimental View*, Pinter and Martin Ltd. 2005[first edition : 1974].

Montesquieu, *Esprit des lois*, Flammarion, 2008.

Moscovici, S. *Psychanalyse, son image et son public*, PUF, 1976.

Nemeth, C., "Interactions between Jurors as a Function of Majority *vs* Unanimity Decision Rules", *in* L. S. Wrightsman, S. M. Kassin, and C. E. Willis (Eds.), *In the Jury Box. Controversies in the Courtroom*, Sage Publications, 1987, p. 235–255.

Parlak, D. "Social-Psychological Implications of the Mixed Jury in Poland", *in* M. F. Kaplan & A. M. Martin (Eds.), *Understanding World Jury Systems through Social Psychological Research*, Psychology Press, 2006, p. 165–178.

Pascal, B., *Pensées*, Gallimard, 1977.

Rasmusen, E., Raghav, M. & Ramseyer, M., "Convictions versus Conviction Rates : The Prosecutor's Choice", *American Law and Economics*

Review, 11, 2009, p. 47–78.
Risinger, D. M., "Innocents Convicted : An Empirically Justified Factual Wrongful Conviction Rate", *Journal of Criminal Law & Criminology, 97*, 2007, p. 761–806.
Salas, D. & Carstoiu, A., *La justice*, Le Cavalier Bleu, 2008.
Sanders, A. & Young, R., *Criminal Justice*, Butterworth, 1994.
Schacter, D. L., *The Seven Sins of Memory*, Houghton Mifflin, 2001.
Scheck, B., Neufeld, P. & Dwyer, J., *Actual Innocence*, New American Library, 2003.
Schwartz, L., *Petit manuel de garde à vue et de mise en examen*, Arléa, 2002.
Smith, A., *The Wealth of Nations*, edited by R. H. Campbell, A. S. Skinner and W. B. Todd, Clarendon Press, 1976.
Spencer, J. R., *La procédure pénale anglaise*, PUF, 1998.
Spitz, J.-F., *John Locke et les fondements de la liberté moderne*, PUF, 2001.
Tocqueville, A. de, *De la démocratie en Amérique*, Gallimard, 1961.
Vasseur, V., *Médecin-chef à la prison de la Santé*, Le Cherche midi, 2000.
Wachter, R. M. & Shojania, K. G., *Internal Bleeding*, RuggedLand, 2005.
Wells, T., & Leo, R. A., *The Wrong Guys. Murder, False Confessions, and the Norfolk Four*, The New Press, 2008.
Zehr, H., *Changing Lenses. A New Focus for Crime and Justice*, Herald Press, 2005.

小坂井敏晶

1956年愛知県生まれ
1994年フランス国立社会科学高等研究院修了
元パリ第8大学心理学部准教授
専攻—社会心理学
著書—『異文化受容のパラドックス』(朝日選書)
『異邦人のまなざし』(現代書館)
『責任という虚構』(東京大学出版会)
『社会心理学講義』(筑摩選書)
『増補 民族という虚構』(ちくま学芸文庫)
『答えのない世界を生きる』(祥伝社)
『神の亡霊——近代という物語』(東京大学出版会)
『格差という虚構』(ちくま新書)
『矛盾と創造——自らの問いを解くための方法論』(祥伝社) ほか

人が人を裁くということ　岩波新書(新赤版)1292

2011年2月18日　第1刷発行
2024年6月5日　第5刷発行

著　者　小坂井敏晶《こざかいとしあき》

発行者　坂本政謙

発行所　株式会社 岩波書店
〒101-8002 東京都千代田区一ツ橋 2-5-5
案内 03-5210-4000　営業部 03-5210-4111
https://www.iwanami.co.jp/

新書編集部 03-5210-4054
https://www.iwanami.co.jp/sin/

印刷・三秀舎　カバー・半七印刷　製本・牧製本

ISBN 978-4-00-431292-5　Printed in Japan

岩波新書新赤版一〇〇〇点に際して

ひとつの時代が終わったと言われて久しい。だが、その先にいかなる時代を展望するのか、私たちはその輪郭すら描きえていない。二〇世紀から持ち越した課題の多くは、未だ解決の緒を見つけることのできないままであり、二一世紀が新たに招きよせた問題も少なくない。グローバル資本主義の浸透、憎悪の連鎖、暴力の応酬——世界は混沌として深い不安の只中にある。

現代社会においては変化が常態となり、速さと新しさに絶対的な価値が与えられた。消費社会の深化と情報技術の革命は、種々の境界を無くし、人々の生活やコミュニケーションの様式を根底から変容させてきた。ライフスタイルは多様化し、一面では個人の生き方をそれぞれが選びとる時代が始まっている。同時に、新たな格差が生まれ、様々な次元での亀裂や分断が深まっている。社会や歴史に対する意識が揺らぎ、普遍的な理念に対する根本的な懐疑や、現実を変えることへの無力感がひそかに根を張りつつある。そして生きることに誰もが困難を覚える時代が到来している。

しかし、日常生活のそれぞれの場で、自由と民主主義を獲得し実践することを通じて、私たち自身がそうした閉塞を乗り超え、希望の時代の幕開けを告げてゆくことは不可能ではあるまい。そのために、いま求められていること——それは、個と個の間で開かれた対話を積み重ねながら、人間らしく生きることの条件について一人ひとりが粘り強く思考することではないか。その営みの糧となるものが、教養に外ならないと私たちは考える。歴史とは何か、よく生きるとはいかなることか、世界そして人間はどこへ向かうべきなのか——こうした根源的な問いとの格闘が、文化と知の厚みを作り出し、個人と社会を支える基盤としての教養となった。まさにそのような教養への道案内こそ、岩波新書が創刊以来、追求してきたことである。

岩波新書は、日中戦争下の一九三八年一一月に赤版として創刊された。創刊の辞は、道義の精神に則らない日本の行動を憂慮し、批判的精神と良心的行動の欠如を戒めつつ、現代人の現代的教養を刊行の目的とする、と謳っている。以後、青版、黄版、新赤版と装いを改めながら、合計二五〇〇点余りを世に問うてきた。そして、いままた新赤版が一〇〇〇点を迎えたのを機に、人間の理性と良心への信頼を再確認し、それに裏打ちされた文化を培っていく決意を込めて、新しい装丁のもとに再出発したいと思う。一冊一冊から吹き出す新風が一人でも多くの読者の許に届くこと、そして希望ある時代への想像力を豊かにかき立てることを切に願う。

（二〇〇六年四月）

法律

医療と介護の法律入門　児玉安司
敵対的買収とアクティビスト　太田洋
会社法入門〔第三版〕　神田秀樹
法の近代　権力と暴力をわかつもの　嘉戸一将
少年法入門　廣瀬健二
倒産法入門　伊藤眞
国際人権入門　申惠丰
AIの時代と法　小塚荘一郎
労働法入門〔新版〕　水町勇一郎
アメリカ人のみた日本の死刑　デイビッド・T・ジョンソン　笹倉香奈訳
虚偽自白を読み解く　浜田寿美男
親権と子ども　榊原富士子　池田清貴
裁判の非情と人情　原田國男
独占禁止法〔新版〕　村上政博
密着　最高裁のしごと　川名壮志

「法の支配」とは何か　行政法入門　大浜啓吉
憲法への招待〔新版〕　渋谷秀樹
比較のなかの改憲論　辻村みよ子
大災害と法　津久井進
変革期の地方自治法　兼子仁
原発訴訟◆　海渡雄一
民法改正を考える◆　大村敦志
人が人を裁くということ　小坂井敏晶
知的財産法入門　小泉直樹
消費者の権利〔新版〕　正田彬
名誉毀損　山田隆司
刑法入門　山口厚
家族と法　二宮周平
憲法とは何か　長谷部恭男
良心の自由と子どもたち　西原博史
著作権の考え方　岡本薫
法とは何か〔新版〕　渡辺洋三
戦争犯罪とは何か　藤田久一
日本の憲法〔第三版〕　長谷川正安

憲法と天皇制　横田耕一
自由と国家　樋口陽一
憲法第九条　小林直樹
日本人の法意識　川島武宜
憲法講話◆　宮沢俊義
